Hannelore Dierks

Wir jungen Alten

Für meine großen und kleinen Kinder

Hannelore Dierks

Wir jungen Alten

Von der Dynamik unseres Lebens

Patmos Verlag

VERLAGSGRUPPE PATMOS

PATMOS
ESCHBACH
GRÜNEWALD
THORBECKE
SCHWABEN
VER SACRUM

Die Verlagsgruppe
mit Sinn für das Leben

MIX
Papier aus verantwortungsvollen Quellen
FSC
www.fsc.org
FSC® C014138

Klimaneutral
Druckprodukt
ClimatePartner.com/14549-2003-1001

Für die Verlagsgruppe Patmos ist Nachhaltigkeit ein wichtiger Maßstab ihres Handelns. Wir achten daher auf den Einsatz umweltschonender Ressourcen und Materialien.

1. Auflage 2022

Verlagsgruppe Patmos in der Schwabenverlag AG, Ostfildern
www.verlagsgruppe-patmos.de

Umschlaggestaltung: Finken & Bumiller, Stuttgart
Umschlagabbildung: Neliakott/shutterstock.com
Gestaltung, Satz und Illustration: Finken & Bumiller, Stuttgart
Repro: Schwabenverlag AG, Ostfildern
Finidr s.r.o., Český Těšín
Hergestellt in Tschechien
ISBN 978-3-8436-1399-6

Inhalt

Älterwerden – ein Kaleidoskop

Bin ich alt?, frage ich mich an meinem Geburtstag. Gerade heute fühle ich mich topfit! Auf jeden Fall gehöre ich zu den *jungen* Alten, denke ich. Und wir jungen Alten singen noch nicht die letzte Strophe, wir wollen noch mitspielen!

Es sind oft keine besonderen Ereignisse, vielmehr Alltäglichkeiten, die zeigen, dass unser Leben durch ständiges Werden und Wachsen seine besondere Dynamik entwickelt. Zum Beispiel gehöre ich plötzlich zu einer „Risikogruppe", lese ich in der Zeitung. In einer Reisegruppe wurden keine über 70-Jährigen mehr mitgenommen! Die Tour sei zu riskant für diese Älteren, hieß es.

Älterwerden – was heißt das eigentlich? Diese Frage dringt immer intensiver in mein Bewusstsein und erfordert eine Antwort!

Auf der Turnmatte in der Gymnastikgruppe sollen wir, auf dem Rücken liegend, die Arme nach oben strecken. Wem gehören diese Arme mit der schlaffen Haut, die sich aber trotzdem kraftvoll recken, um imaginäre Äpfel zu pflücken? Ich setze mich auf und sehe nur alte Menschen um mich herum. Und die faltigen Arme gehören mir! Ich ziehe die T-Shirt-Ärmel nicht über die Ellenbogen, beschließe ich, sondern streiche behutsam abwechselnd über beide Arme.

Wer sind die jungen Alten, die Gruppe vor den greisen Alten?

Der jüngste Alte, den ich kenne, ist ein junger Alter: mein 100-jähriger Nachbar!

Das Altsein unabhängig von den Lebensjahren zu betrachten, macht mich neugierig.

Freilich: Im Laufe der Lebensjahre schlichen sich immer neue körperliche Beschwerden ein. Eine wahrnehmbare, umständliche Langsamkeit veranlasste mich zu einer intensiven Auseinandersetzung mit dem Älterwerden, diesem unaufhaltbaren Prozess. Im

Auf und Ab meiner emotionalen Verfassung beschloss ich, mich mit den spürbaren Veränderungen zu beschäftigen: den körperlichen, geistigen und seelischen.
In diesem Buch betrachte ich das Leben, das Älterwerden wie durch ein Kaleidoskop und bewundere das faszinierende Farbspiel funkelnder Steine in facettenreichem Schliff. Durch eine kleine Bewegung, eine winzige Drehung nur zeigen sich vielfältige neue Ansichten und Formationen. Perspektiven wechseln und wandeln sich dabei immer wieder vom Gestern – zum Heute – zu einem möglichen Morgen.
Dabei begegneten mir Erinnerungen, tröstliche, aber auch schmerzhafte: Großmutter im alten Haus an der Märchenstraße der Gebrüder Grimm. Der frühe Tod meiner Schwester. Sie war an Diphterie gestorben, ich dagegen hatte diese schwere Erkrankung während des Krieges überstanden.
Meine Schwester, ich werde sie hier Marie nennen, wird mich in diesem Buch ein Stück begleiten. Mit unseren Kindergeschichten, mit Hoffnung und frohen Momenten, aber auch mit einer Trauer, die jahrelang tief in mir verborgen war und plötzlich aufstieg.

Liebe Marie,
in diesem Herbst bist du zu mir gekommen. Niemals hätte ich mir vorstellen können, dass du noch einmal in mein Leben treten würdest. Plötzlich warst du da und mir wurde bewusst, wie sehr ich dich, meine Schwester, vermisst habe. Kostbare Erinnerungen, Bilder aus einer Zeit, die uns beiden gehörte, aber viel zu kurz war, brachtest du mit.
Marie, ich bin ohne dich erwachsen, ohne dich alt geworden. Wenn ich dir jetzt schreibe, spreche ich zu dir mit dem Bedürfnis, dir meine Geschichte zu erzählen, dir meine Gedanken mitzuteilen. Ich weiß, dass du mir nicht antworten kannst. Vielleicht werden einige Fragen für mich klarer, verständlicher in den stummen Gesprächen mit dir. Mit mir.

Ob ich lerne, gelassen zu sein gegenüber den Gegebenheiten, die nicht zu ändern sind? Gelassen bleibe, wenn es heißt, Abschied zu nehmen – von Freunden, von Menschen, die ich liebe? Abschied von Gewohnheiten, von vertrauten Tätigkeiten, Zuständen und Rollen in Beruf und Familie?

Ich hoffe, dass es mir gelingt, das Alter als Freund zu betrachten. Einen Freund, den ich immer besser kennenlernen möchte. Mit dem ich streiten und für die Auseinandersetzungen mit ihm Kräfte mobilisieren kann.

Im Auf und Ab meiner emotionalen Verfassung beschloss ich, mich auch mit den spürbaren Veränderungen zu beschäftigen: den körperlichen, geistigen und seelischen.

Wenn mein Selbstbild Konturen verliert und ich feststelle, dass meine Souveränität, mit Veränderungen umzugehen, eingeschränkt ist, dass ich mich dagegen wehre, meine abnehmenden Kräfte zu akzeptieren – dann hoffe ich, dass dieser Freund mich im Prozess des Älterwerdens verständnisvoll unterstützen wird, dass er mir Momente der Dankbarkeit zeigt für den Reichtum, der mich umgibt.

Ich werde die Vorurteilsschublade über alte Menschen aufräumen und mich dazu an meine Erfahrungen in der ersten Phase meines Rentnerdaseins erinnern. Denn die Darstellungen älterer Menschen in verschiedenen Medien, der Umgang mit ihnen, machen mich oft wütend, manchmal ratlos. Vorurteile – in Gesprächen, in Begegnungen, sogar in Arztpraxen – empören mich. Ich spüre eine Betroffenheit, die mich veranlasst, mich dieser Lebensphase neugierig, vertrauensvoll und zuversichtlich zu stellen.

Ich möchte Sie mit meinen Texten mitnehmen auf die Entdeckungsreise: Welche Ansichten, Facetten und Bilder wird uns der Blick durch ein Kaleidoskop schenken, wenn wir uns darauf einlassen, ganz neu auf das Alter zu schauen?

Altwerden, so ein Theater!

Wir in unserem Alter

Bei meiner Auseinandersetzung mit dem Älterwerden fielen mir in Gesprächen sowohl mit gleich alten als auch mit jungen Alten wiederholt Bemerkungen auf, die mir wie ein bequemes Zurücklehnen vorkamen und differenzierte Betrachtungen ausschlossen:

Wir in unserem Alter sollten nicht mehr so weite Strecken laufen.
Das sollte man sich in unserem Alter nicht mehr zumuten.
Du bist auch nicht mehr die Jüngste.
Willkommen im Club ...

Kombiniert war das mit ständigen Krankheitsberichten. Vorurteile, auch junger Menschen, empörten mich oder machten mich betroffen. Die Lebenswirklichkeiten der verschiedenen Generationen bieten kaum noch Berührungspunkte, überlegte ich. Entstehen deshalb gegenseitige Vorurteile, die Verständnis füreinander verhindern und Konflikte produzieren? Bestätigt wurde dieser Gedanke durch Interviews, die ich mit meinem Enkel und mit engagierten Jugendlichen zum Thema führen konnte.

Ich fragte mich und andere: Welche Chancen haben wir, generationenübergreifend zu denken und voneinander zu profitieren? Wo ist der Platz der Alten in unserer digitalen Leistungsgesellschaft? Wo finden wir Berührungspunkte zwischen Jung und Alt?

Bei den Spaziergängen durch *meinen* Wald, vorbei an Feldern und Wiesen, werde ich ruhig, ordne meine Gedanken. Ich möchte mich den vielen Fragen des Älterwerdens stellen, dabei meine Gesprächspartnerinnen und Gesprächspartner nicht verlieren, sondern ihre Einstellung als Herausforderung betrachten.

Der Duft von frisch gemähtem Gras lässt mich tief durchatmen, weckt Erinnerungen an Kindheit und Leben im kleinen Dorf an der Märchenstraße. Mit geschlossenen Augen versuche ich den Augenblick festzuhalten, fühle mich reich, als winziger Teil eines

großen Ganzen. Oft sende ich eine Gedanken-SMS an Menschen, die mir in den Sinn kommen.
„*Ich in meinem Alter*“ freue mich auf den neuen Tag und will noch eine Weile mitspielen, *mir noch etwas zumuten.*
Wie werden wir Älteren in unserer Gesellschaft wahrgenommen? Berichte in Medien und Gesprächen bestätigen, dass wir mit Diskriminierung und vielen Vorurteilen konfrontiert sind. Unsere Erfahrungen, unseren Blick auf die Welt, unser Interesse an gesellschaftlichen Veränderungen werfen wir oft nicht ausreichend in die Waagschale.
Selbstbewusst sollten wir nicht nur leise ehrenamtlich arbeiten, sondern uns engagiert in gesellschaftliche Fragen einmischen, und dabei den Austausch zwischen den Generationen beleben.

Meine Reise

Ich begebe mich also auf eine sehr persönliche, spannende Reise. Meine Fragen zum Älterwerden verändern sich, betrachte ich sie durch ein Kaleidoskop und dessen Lichteinfall. Meine Sichtweise und Bewertung scheinen durch emotionale Befindlichkeit und aktuelle Ereignisse beeinflussbar, ebenso durch den Lauf der Zeit, während ich älter werde.
Eine Annäherung an das Älterwerden beginnt mit den aufregenden Veränderungen, Anforderungen, den anstrengenden, fröhlichen und schmerzhaften Seiten meiner Wanderung.
Ich überprüfe meinen Wanderrucksack, minimiere den Inhalt zur Entlastung, beschränke mich auf Dinge, die mir wichtig sind oder sogar not-wendig erscheinen. Ein Pausenbrot zur Stärkung, ein Getränk gegen den Durst, wenn die Luft zu trocken, zu dünn ist. Eine warme Decke in Regenbogenfarben für Betrachtungen, die nicht schwarz-weiß sind. Ein Trostpflaster für schmerzhafte Ver-

letzungen. Ein Fernglas. Das blaue Buch mit aufgezeichneten Kostbarkeiten und das kleine schwarze Buch mit dem Goldschnitt. Ein angespitzter Bleistift. Mutters Taschentuch mit umhäkeltem Rand und dein Foto, Marie.
Mein Rucksack ist schwer, aber: ich kann ihn tragen. Kommt er mir heute sogar federleicht vor, weil ich mich auf den Weg mache? Ich trage bequeme Schuhe und bekomme trotzdem Blasen. Ab und an werde ich atemlos. Meine körperlichen Kräfte sind geringer, als ich es mir eingestehe. Ich bin langsamer geworden, umständlicher. Pausen zum Erholen, zum Kräftesammeln sind notwendig. Oft weisen meine schmerzenden Gelenke deutlich darauf hin.

Senioren-Theater

Ich traute meinen Augen nicht. Da lag die erste „herzliche Einladung“ zum Seniorennachmittag in meinem Briefkasten! „*Wir singen Lieder, hören Geschichten, es gibt Kaffee und ein Stück Kuchen.*“ Innerhalb von Sekunden fühlte ich mich alt! Ich hatte die „Eintrittskarte in das Senioren-Theater“ erhalten. Sollte ich mit Kaffee und Kuchen gelockt werden? So kam es mir vor. Damit kein Missverständnis entsteht: Ich singe gern, liebe Geschichten, trinke gern Kaffee und verkneife mir leider oft (wegen Bauchumfang) das Stück Kuchen.
In Gedanken sah ich uralte Menschen vor mir. Dieses Bild konnte ich später sehr positiv korrigieren, nachdem ich begriffen hatte, dass ich mit Schwung in eine Vorurteilsfalle getappt war! Im Freundeskreis diskutieren wir viel über genau solche Vorurteile, tauschen Erfahrungen aus, sprechen über Ängste und ermutigen uns gegenseitig, auch mal über den Rand des Seniorentellers zu schauen. Dem Schuldigen für Beschwernisse, dem *Alter*, wollen wir die Stirn bieten!

Auch im Alter muss und kann man noch viel lernen, hatte Oma gesagt, als sie sich abmühte, den Staubbeutel in den neuen Staubsauger einzulegen.
„Das Alter soll keine automatische Hürde sein, sich mit der Technik auseinanderzusetzen“, meinte auch ein Freund und meldete sich zu einem Kurs in der Volkshochschule an. „Wenn der äußere Bewegungsradius kleiner wird, ist der innere umso wichtiger – und der digitale eine Chance!“
„Smartphone, Vorlesungen in der Uni, Sportverein, das alles brauche ich nicht mehr. Ich bin eine alte Frau!“, war hingegen die Meinung einer ehemaligen Lehrerin. Sie will nichts mehr tun, sondern beschaulich leben.
„Ich kann jetzt meine Zugfahrkarte per Internet kaufen“, erzählte stolz eine Freundin. „Demnächst werde ich üben, mit meinen Kindern zu skypen!“
Ich erinnere mich an meine ersten zaghaften PC-Versuche vor mehr als 30 Jahren. Welch ein Fortschritt, zunächst mit meiner Reiseschreibmaschine „Gabriele“ zu arbeiten, später mit einer elektrischen, mit Tipp-Ex und Durchschlagpapier.
Unvorstellbar war es zu der Zeit, über Internet soziale Kontakte zu pflegen, Dienstleistungen zu organisieren, Termine, Veranstaltungen und Öffnungszeiten zu recherchieren! Mit Freunden zu kommunizieren! Einfach am Leben teilzunehmen!
Digitales Lernen im Altentreff bei Kaffee und Kuchen wäre eine Chance! Wir Älteren brauchen Zeit, vielleicht Hilfe, um zu lernen, digitale Geräte zu nutzen. Wenn wir sehen, wie einfach kleine Kinder mit Handy und Tablet agieren, denken wir vielleicht an unsere Einschulung, die in der „Kreide“-Zeit stattgefunden hat.
An Tagen, an denen ich mich kraftlos fühle, rede ich mir gut zu: Du willst doch dem Alterungsprozess nicht hilflos ausgesetzt sein, sondern ihn mit Lebensfreude und Lebenslust gestalten! Die begrenzte Zeit, die mir bleibt, ist kostbar. Das wird mir immer bewusster.

Ich will nicht meine Lebenszeit vergeuden, auf Bekanntem ausruhen, starr an Gewohnheiten und Einstellungen festhalten, ohne zu reflektieren.

***

Wie kostbar sind Freunde und Freundinnen in dieser Lebensphase! Wir nehmen uns gemeinsam vor, „in Bewegung" zu bleiben, verabreden uns zum Walking, zu Theaterbesuchen und Projektgruppen. Dabei soll der Spaß nicht zu kurz kommen.
„In warmen Socken auf dem Sofa, in der Apotheken-Umschau blättern, im Garten den Vögeln beim Picken zuschauen?", fragt meine Freundin Eva und lacht.
„Manchmal", antworte ich. „Also, ein Mittagsschläfchen zur Unterbrechung des Tages, nach dem ich mich während meiner Berufszeit gesehnt habe, das werde ich mir gönnen!"
Wir lassen uns bei unserem Spaziergang durch den Wald schnaufend auf einer Parkbank nieder.
„Wir in unserem Alter!", sagen wir beide gleichzeitig und gähnen theatralisch. Über diesen Spruch haben wir uns so lange lustig gemacht, dass er zur gemeinsamen Floskel geworden ist. Ob es uns gelingen wird, unseren Alltag mit Humor zu leben? Den Fokus auf menschliche Qualitäten zu richten und uns die Zeit zu nehmen, die wir nun endlich haben?
Manchmal schaffen wir es.

Das Alter, ein Freund?

Der Gedanke, das Alter wie einen neuen Freund zu betrachten – dieser Gedanke fasziniert mich. Wie einen Freund, dem ich achtsam begegnen will, um ihn kennenzulernen.
Altern hat einen schlechten, Angst einflößenden Ruf und wird mit Verlust und Gefahr belegt. Das waren meine Erfahrungen, nach

meinem 79. Geburtstag im Freundeskreis gleichaltriger Menschen. Mit der magischen Zahl 80 vor Augen will ich aber die Vorzüge des Alters in den Mittelpunkt rücken, die sich aus einer neuen Freiheit und Unabhängigkeit ergeben.
Langsam gehen, stehen bleiben, verweilen, neugierig betrachten, was geschieht: nach einer langen, ereignisreichen Berufstätigkeit eine gute Perspektive.
Vor Kurzem habe ich noch mit meinen Kindern im *Kinder-Theater* begeistert mitgespielt, denke ich mit Augenzwinkern. Und jetzt befinde ich mich im *Senioren-Theater*? Schließlich bin ich inzwischen Großmutter, sogar Urgroßmutter geworden, mache ich mir bewusst.
Ich gehe über die Schwelle, vorsichtig, unsicher. Niemand hat mir den Eingang gezeigt. Hier kenne ich mich nicht aus. Mir fehlen Kinderstimmen und die laute Lebendigkeit. Fremde Gerüche irritieren mich.
Zunächst halte ich mich im Foyer des Theaters auf. So kann ich Senioren, Seniorinnen, die mir sehr alt vorkommen, mit Abstand betrachten.
Im Zuschauerraum haben einige Besucher ihre bequemen Sitzplätze eingenommen. Sie scheinen auf etwas zu warten. Vor ihnen stehen kleine Trinkflaschen. Andere lassen sich gerade schminken oder mit Antifaltencreme behandeln, sie werden im Theater mitwirken.
Ich muss meine Rolle erst finden. Bin ich Zuschauerin, Statistin oder schon Mitspielerin? Muss ich mich verkleiden? Gibt es ein Drehbuch? Einen Regisseur?
Alle Mitspielerinnen und Mitspieler über 70 werden einem Test unterzogen, um festzustellen, ob sie (noch!) in der Lage sind, teilzunehmen, so ordnet ein Mann im weißen Kittel an.
Ich frage nach einer Begründung. Meine Frage scheint ihn zu irritieren. Lautstark erklärt er, dass er vielleicht später die Eintrittskarten in das Senioren-Theater ausstellen muss, aber sie auch verweigern kann, wenn er es für richtig hält!

Ich bin entsetzt über seine diskriminierende Beurteilung alter Menschen, die mich tief verletzt, und wende mich von ihm ab. Empört, aber auch nachdenklich setze ich meine Brille auf, um genauer hinsehen zu können. Ich will nicht in einer Vorurteilsschublade verschwinden! Nicht um meine Daseinsberechtigung als alter Mensch kämpfen müssen.
Ich betrachte neugierig das Spiel auf der Bühne.

Unerwarteter Besuch

Eines Tages klopfte ein Gast an meine Tür und begehrte Einlass. Ich war überrascht. Ich hatte zwar gewusst, dass er irgendwann kommen würde, aber ich hatte ihn noch nicht erwartet. Dennoch öffnete ich ihm die Tür, bot ihm höflich einen Platz an und bewirtete ihn großzügig.
Bald richtete er sich häuslich bei mir ein und machte deutlich, dass er nicht die Absicht hatte, wieder abzureisen. Alle meine Tricks und Überredungskünste fruchteten nicht. Er blieb und nahm immer mehr Raum ein.
Dann erkannte ich ihn. Er war schon eine Zeit lang im Freundeskreis herumgestreift und verbreitete großes Unbehagen. Manchmal verkleidete er sich, trug unterschiedliche Masken, sodass man ihn nicht sofort erkannte.
Er redete nicht mit mir. Wenn ich ihn dazu aufforderte, lächelte er. Das brachte mich in eine Abwehrhaltung, machte mich wütend, aber auch traurig. Sein fremder Geruch irritierte mich, erinnerte mich an etwas, das ich nicht zuordnen konnte. Ich betrachtete meinen Gast skeptisch, wollte ihn unbedingt loswerden, obgleich er sich große Mühe gab, freundlich zu mir zu sein. Doch er sollte nun mal in meinem Haus kein Wohnrecht bekommen!

Es dauerte lange, bis ich den Reichtum erkannte, den er in mein Leben brachte. Er lehrte mich, gelassen mit den Gegebenheiten umzugehen, die ohnehin nicht zu ändern waren. Ich genoss seinen Humor, seine Fähigkeit, mich zu ermutigen, neugierig nach vorn zu schauen. In meiner sehr persönlichen Auseinandersetzung mit ihm habe ich die Chance, mich besser kennenzulernen. Doch immer mal wieder hadere ich mit ihm, wenn mich körperliche Schmerzen überfallen oder Traurigkeit, die ich ihm zuschreibe. Obgleich mich die täglich spürbaren Symptome des Nachlassens der körperlichen und geistigen Kräfte erschrecken, fange ich an, ihn zu akzeptieren. An guten Tagen begegnet er mir mit Heiterkeit, flirtet mit mir, sodass ich ihn ein wenig lieb gewinne.
Ich bin froh, dass ich ihn nicht abgewiesen habe, dass ich nun mit ihm wie mit einem Freund umgehen kann. Manchmal möchte ich ihm aber immer noch entfliehen, weil er meine Kraftreserven reduziert oder auffrisst, wenn er mich vor Fragen stellt, auf die ich lange nach Antworten suchen muss.

Die Akzeptanz des Alters

Heute ist ein denkwürdiger Tag. Mit einem Herbststrauß aus Dahlien und Astern in leuchtenden Farben, den ich bei der alten Bäuerin auf dem Markt gekauft habe, klingle ich bei Ruth. Sie hat mich zu ihrem Geburtstag eingeladen.
Ruth sieht mich irritiert an. Ihr Geburtstag sei doch erst in der nächsten Woche, erklärt sie. Aber in „unserem Alter“ verwechselt man schon mal Termine.
„Manchmal weiß ich nicht, welcher Tag gerade ist. Oft suche ich den Schlüssel, die Bankkarte, die Lesebrille, wie mein Opa früher“, erzählt Ruth.

Wir lachen, trinken Kaffee und sprechen über all die kleinen Irrtümer, die uns immer häufiger passieren. Ruth scheint mit ihrem Alter zu flirten. Ich jedoch spüre es wie einen Schatten, der mich streift. Auf dem Rückweg löst sich ein Stein aus meinem Gedankengeröll: Älter werden, Altwerden? Ich versuche einen realistischen Blick auf mein Alter zu richten.

Alte Frau, alter Mann, ältere Frau, älterer Mann, älteres Ehepaar. Ich nehme den Klang dieser Worte in mich auf, je nach Betonung achtsam oder herablassend. Bilder entstehen in meinem Kopf.

Ein heftiger Wind treibt ein paar goldgelbe, leuchtend orange, rotbraune Herbstblätter vor mir her. Ich kann mich nicht darüber freuen. Ich friere und knöpfe meine Jacke zu.

70+ sagt man, und mogelt sich an den nachfolgenden Jahren mit einem Augenzwinkern vorbei. Ich bin *ziemlich* alt. Wann ist es mir bewusst geworden? Ab wann ist man ziemlich alt? Ab wann alt? Ich kann mich gut daran erinnern, wie stolz ich vor vielen Jahren war, als Jüngste im Team akzeptiert zu werden. Wenn man mir zuhörte. Wenn meine Meinung zu verschiedenen Themen beachtet wurde, meine Ideen sogar in Projekte umgesetzt wurden!

Die Menschen um mich herum waren älter als ich, schienen mir schon mit vierzig Jahren uralt zu sein. Irgendwann stellte ich fest, dass wir gleich alt waren. Bald schon erkannte ich, dass immer mehr Menschen, mit denen ich zu tun hatte, jünger waren als ich. Die Busfahrerin, der Postbote, die Verkäuferinnen, der Zahnarzt. In der Schule kam mir ein „junges Mädchen“ entgegen und stellte sich als Lehrerin meines Sohnes vor.

Peinlich berührt war ich, als mich bei einer gynäkologischen Untersuchung plötzlich ein sehr junger Mann als Vertreter der Ärztin überraschte. Er hätte mein Sohn, fast mein Enkel sein können! Da musste ich kräftig schlucken.

***

Auf dem Weg zum Markt begegnen mir zwei sehr alte Menschen. Ein altes Ehepaar? Sie gehen Hand in Hand und sehen so aus, als

hätten sie das ein Leben lang getan. Liebevoll schauen sie sich an. Sie scheinen einer vom anderen zu wissen, wovor er sich fürchtet, was ihm guttut. Ich freue mich für die beiden. Aber Sehnsucht erfüllt mich doch und ich spüre so etwas wie Neid.
Ich sehe einen alten Mann an der Kasse des Supermarktes, wie er die kleinen Münzen zählt. Viel zu schnell hat die Verkäuferin die wenigen Teile über das Band in den Einkaufswagen geschoben. Lautes, ungeduldiges Räuspern entsteht in der Warteschlange. „Muss der Alte ausgerechnet jetzt einkaufen, wo wir es eilig haben?“, scheinen einige Leute zu fragen. Sie können sich wahrscheinlich nicht vorstellen, wie wichtig es für alte Menschen ist, am Leben teilzunehmen. Nicht einsam zu Hause zu sitzen, darauf zu warten, dass endlich jemand klingelt oder das Telefon läutet.
Und was ist mit der älteren Frau, die die Mülltonne nach Flaschen durchsucht, um vom Flaschenpfand vielleicht ein Brötchen zu kaufen? Reicht ihre Rente nicht? Wovon lebt sie?
Ich bin *ziemlich* alt! Ich muss keine Flaschen sammeln. Ich zahle an der Kasse mit dem großen Schein, weil ich nur mit Lesebrille die kleinen Münzen erkenne und feinmotorisch nicht mehr so schnell bin. Warum schränke ich mein Alter mit dem Wort *ziemlich* ein? Will ich es immer noch nicht wahrhaben? Ist der Zeitpunkt zur Akzeptanz nicht längst überschritten?
Wie schön wäre es, wenn ich jetzt mit meiner Schwester darüber reden könnte. Wenn ich ihre Gedanken zum Älterwerden erfahren würde! Aber ich muss meinen eigenen Weg suchen, wie alle Menschen. Es gibt keine allgemeingültigen Rezepte.

***

In der Abgrenzung zu anderen Senioren und Seniorinnen lerne ich mich besser kennen. Insgeheim stelle ich Vergleiche an, die aber mit zunehmendem Alter immer unwichtiger werden.
Ist die Frau, die mir begegnet, älter oder jünger als ich? Ein neugieriger, abschätzender Blick trifft mich, vielleicht mit gleicher Fragestellung. Ich lächle. Was kann sie noch und ich nicht mehr?

Fällt der Vergleich zu meinen Gunsten aus, geht es mir gut. Manchmal entstehen Gefühle von Neid, Traurigkeit, aber auch Dankbarkeit.
Meine Freundin Lilo schickt mir eine SMS, gespickt mit spanischen Floskeln. Ein Zeichen dafür, dass sie in der VHS einen Kurs belegt hat und nun Spanisch als neue Fremdsprache lernt. Ich bewundere sie und denke an mein schwächer gewordenes Namensgedächtnis.
Eine Wanderung von 20 Kilometern hat Gerd am Wochenende mit dem Wanderverein geschafft! Ilse, Kristina und Werner sind gerade auf einer Radtour und fahren täglich etwa 50 Kilometer. Rolf übt im Freizeitpark, mit dem Rollator zu gehen. Wie lange hatte er sich geweigert, weil er sich damit schrecklich behindert fühlte.
Wenn ich mir erlaube, alt zu sein, mich nicht mitreißen lasse vom Mainstream, sondern mich auf mich selbst besinne, verschwindet die Angst vor dem Älterwerden, hoffe ich. Die Auseinandersetzung mit der neuen Identität als alter Mensch kann Gewinn an Lebensfreude bedeuten. Die Erfahrung zeigt, dass Momente von Alterstraurigkeit vorüberziehen wie Regenwolken. Dass nach Phasen mutloser Verzweiflung Zeiten möglich sind, froh und zuversichtlich zu leben. Nach einem heftigen Sturz und langem Krankenhausaufenthalt konnte ich diese Erfahrung machen.
Die Zeit des Nach-Denkens ist für mich kostbar und notwendig, auch im Gedankenaustausch mit anderen. Einige Freundinnen konsumieren zahllose Aktionen, Kunstausstellungen, Konzerte. Manchmal wissen sie gar nicht mehr, was sie alles gesehen oder gehört haben. Ich möchte auswählen, weil ich mir wünsche, dass das Einzelne seinen Wert behält und nicht so rasch durch Neues überlagert wird.
„Oft höre ich von Aktivierung im Alter. Für mich gibt es Zeiten, in denen ich zufrieden damit bin, nichts zu tun. Einfach nach innen schauen“, sagt mein Balkon-Nachbar und klopft sich an die Brust. Mit weit ausholender Geste fügt er lachend hinzu: „Oder nach außen, in den Park!“

Wer sind wir, als alte Menschen?

Älterwerden – ein Prozess

Die Grenze in den neuen Lebensbereich habe ich überschritten. Ich bin alt geworden, denke ich, mit einem ambivalenten Gefühl von Dankbarkeit und ängstlicher Erwartung. Großmutter, Vater und Mutter haben mein bisheriges Lebensalter nicht erreicht. Geschenkte Jahre? Welche Chance!
Was erwartet mich? Zögernd nähere ich mich dem Älterwerden, in kleinen vorsichtigen Schritten. Nicht mit gebeugtem Rücken, den Blick auf den Boden gerichtet, wie es auf Fotos älterer Frauen zu sehen ist, sondern aufgerichtet, neugierig, nach vorn schauend. Schwere körperliche Arbeiten auf dem Feld, auf dem Großmutter und Mutter einige Jahre als Hilfskräfte beim Bauern arbeiteten, ließen sie früh altern. Die Arbeit im Haushalt musste ohne Waschmaschine und andere elektrische Geräte bewältigt werden. Ernährung und ärztliche Versorgung waren mangelhaft. Wie gut geht es mir!
Die Gedanken schweifen ins Früher …

Liebe Marie,
komm mit durch unser Dorf. Vorbei an alten Häusern, an modernen Neubauten, an dem großen Bauernhof, auf dem immer viele Menschen aktiv beschäftigt waren. Mit der Blechkanne schickte uns Mutter zum Milchholen, nach nebenan zu der Bäuerin. Der Hofhund verbellte Fremde, uns begrüßte er schwanzwedelnd. Hühner liefen umher. Mein Lieblingshuhn war das dicke braune, deins das weiße, das immer ängstlich weglief, wenn wir es streicheln wollten. Einmal ist es weggeflogen und durch das offene Fenster in unser Kinderzimmer. An diesem Tag war Vaters zukünftiger

Chef zu Besuch. Wir hatten deutliche Anweisungen erhalten, uns besonders höflich und zurückhaltend zu benehmen.
Zu Familienerzählungen später gehörte deine Schilderung von dem Huhn, das auf dein Bett „geschissen" hatte, die Vaters zukünftigem Chef ein Lächeln abrang.

Der Hof scheint heute unbewohnt, dem Verfall preisgegeben. Überrascht entdecke ich hinter einem der kleinen Fenster eine greisenhafte Frau. Sie hat ihr schwarzes Kopftuch tief ins Gesicht gezogen und wirkt so verlassen wie das alte Haus. Als sie das Fenster öffnet, langsam die Hand hebt und winkt, mir etwas zuruft, muss ich sehr genau hinhören, um zu verstehen, was sie sagt. Sie will gleich zur Schule gehen. Ich soll mich beeilen, weil wir doch nebeneinandersitzen.
In die Vergangenheit flüchten, um in der Gegenwart leben zu können, kann bei abnehmenden körperlichen und geistigen Kräften helfen, denke ich. Ich winke der alten Frau zu. Ich kenne sie nicht, aber ich spüre ihre Einsamkeit.
Wie alt mag sie sein?
Warum stellen wir diese Frage? Bei einem Todesfall wird oft gefragt: Wie alt ist sie, ist er geworden? Was spielt sich dabei in unseren Köpfen ab, welcher Maßstab wird gesetzt, immer rückgekoppelt auf unser eigenes Alter?

Liebe Marie,
als Sechzehnjährige, als ich noch die ganze Welt erobern und verändern wollte, schrieb ich in mein Tagebuch: „Jungsein heißt: Nie am Ende sein. Jungsein heißt: Immer Neuland vor sich sehen." Neuland, heute angstfrei voller Tatendrang, morgen vielleicht kraftlos?
Wie gern hätte ich mich in jener Zeit mit dir verbündet, in einer Phase der Orientierung zum Erwachsenwerden.

Wann ist man alt?

Schnell wechselnde Formationen meines Kaleidoskops unter dem immer wieder veränderten Lichteinfall überraschen mich. Ich betrachte das Spiel intensiver Farben. Dunkle Kristalle scheinen mit farbigen um Dominanz zu streiten. Bin ich alt?
Wie lange ist es her, dass ich das erste graue Haar entdeckte und kraftvoll herausriss, als ich feststellte, dass Buchstaben ihre Identität nicht mehr preisgaben, weder mit gestrecktem Arm in die Ferne gerückt noch durch blinzelndes Betrachten? Abbau der Kräfte. Ein Ball, der unaufhaltbar einen Hang hinunterrollt?
Ich fing an, Ratgeber zu lesen, ließ mich von meinem Friseur mit frischer Farbe trösten, besorgte mir eine Lesebrille, las Diätvorschläge gegen Altersdiabetes, kümmerte mich um einen Platz in der Seniorengymnastik.
Wütend reagiere ich immer wieder auf Bemerkungen wie: Das kenne ich auch, das ist erst der Anfang. Jeden Tag kommt etwas hinzu, es geht immer schneller, das ist so im Alter!
Und immer kennt jemand einen, der einen kennt, der ein neues Rezept gegen Vergesslichkeit weiß ...
Ich wehre mich, spüre aber eine diffuse Traurigkeit, gehe in meinen Lieblingsladen und kaufe das bunte Tuch, das ich gestern zu teuer fand.

Liebe Marie,
auf dem Lotterberg, hinter Großmutters Haus, legten wir uns mit ausgestreckten Armen nebeneinander auf den Rasen. Wir rollten den Berg hinunter. Schnell, immer schneller ging es bergab, in einer sanften Biegung leicht bergauf und wieder hinunter. Du warst rasend schnell! Ich verhedderte mich an einer Baumwurzel, hatte Angst und konnte dich bald nicht mehr sehen. Warum hat dich niemand aufgehalten?

Im Laufe der Zeit habe ich bemerkt, dass die Frage nach meinem Alter an Gewicht verlor. Gedanken an Endlichkeit, an Tod wurden vertrauter.
Ich hoffe, dass ich im Prozess des Älterwerdens, bei Schwierigkeiten und deren Bewältigung auf Erfahrungen zurückgreifen kann, um zuversichtlich Lösungen zu finden.
Mein Geburtsjahr wird mir an den Geburtstagen meiner Kinder bewusster, bekommt eine neue Bedeutung, ein anderes Gewicht. Manchmal erscheinen im Zeitraffer Begebenheiten vieler Jahre, die mich demütig werden lassen: die Kinder aufwachsen zu sehen, durch sie zu lernen. Auf den nächsten Entwicklungsschritt geduldig zu warten, das fiel mir manchmal schwer. Grenzerfahrungen zu bewältigen bewirkte, dass ich mich selbst in mehreren Dimensionen kennenlernen konnte.

***

Wer gehört zu den jungen Alten? Diejenigen, die heute so alt sind wie die, die in der Generation vor uns schon die ganz Alten waren? Menschen im „Mittelalter", die gerade sechzig geworden sind und noch im Berufsleben stehen? Oder die Menschen, die siebzig und älter sind, so wie ich?
Singen wir bereits die vierte Strophe und nähern uns dem Schlussakkord?
Die Gruppe der Alten zwischen achtzig und neunzig wird immer größer. So alt zu werden, war in der Generation unserer Eltern eine seltene Ausnahme, kaum vorstellbar. Hundertjährige wurden früher bestaunt – und werden heute in den Medien kaum noch erwähnt.
Kinder und Jugendliche haben für Ältere eigene Bewertungskriterien, die ich durch Begegnungen kennenlernen konnte. Ihre Maßstäbe richten sich nach persönlichen Erfahrungen im familiären Bereich. „Er ist so alt wie mein Vater, mein Opa."
„Meine Lehrerin ist schon sehr alt, so alt wie du", sagt eine Erstklässlerin zu ihrer dreißigjährigen Mutter.

Bei Lehrern oder Lehrerinnen finden Jugendliche ein betont jugendliches Outfit oft peinlich. Verständnis für ihre Interessen, für ihre Musik, verbuchen sie unter Jungsein, wie sie mir in Gesprächen erklärten. Sie erstaunten mich mit der Aussage, dass man ihrer Meinung nach alt sei, wenn man sich selbst für alt hält, wenn man keine Interessen mehr hat.
„Endlich volljährig!", jubeln die Jugendlichen, planen voller Energie ihre Party zum achtzehnten Geburtstag. Frei sein, in die Zukunft blicken! Es ist beeindruckend, diese Phase des Älterwerdens mit ihnen zu erleben, sich mit ihnen zu freuen, wenn auch in dem Bewusstsein, dass sie bald von unterschiedlichen Verpflichtungen eingeholt werden.
Schwingt manchmal bei diesen Betrachtungen im Freundeskreis ein wenig Trauer oder sogar Neid mit?
Frei sein im Alter hat eine andere Farbe, mit vielen Schattierungen, denke ich beim Blick in mein Kaleidoskop. Mischfarben zeigen sich, in unterschiedlicher Leuchtkraft. Sie sind abhängig von der emotionalen Befindlichkeit des Tages. Sie motivieren mich zu *aktivem Handeln* (endlich den lang geplanten Brief zu schreiben), zu *kreativen Prozessen* (meine Blumenfotos aufzukleben), aber auch zu besinnlichen Momenten: *die Hände in den Schoß legen*, wie Großmutter oft sagte.

***

Nun werden auch einige meiner Freunde und Freundinnen achtzig Jahre alt. Wie betrachten wir unsere vielen Lebensjahre? Hinter all den körperlichen und schmerzhaften Problemen lauert oft Todesangst. Ein Wechselbad der Gefühle, das Lebensmüdigkeit erzeugen kann. Körperliche Einschränkungen, ein fortschreitender Verfall können zum Rückzug in die eigene innere Welt führen. Nicht zuletzt beeinflusst die individuelle wirtschaftliche Lebenssituation unser Älterwerden. Altersarmut, nicht teilnehmen zu können am gesellschaftlichen, kulturellen Leben, führt in Isolation und Einsamkeit. Ein wachsamer, freundschaftlicher Blick für

Freunde, Freundinnen, Bekannte, ist hilfreich und not-wendig! Vielleicht verhindert eine *kleine Rente* die Teilnahme an Aktivitäten. Eine Einladung zum Geburtstag oder Verabredungen zu Treffen (an denen Geschenke verboten sind!), Freikarten für unterschiedliche Veranstaltungen usw. helfen!
Eine Freundin schrieb mir und erzählte von ihren Erfahrungen im Freundeskreis. Die einen haben keine Kraft mehr, Neues anzufangen, ziehen sich zurück. Sie haben sich auf das Ende der Berufstätigkeit gefreut und möchten ihre Rente genießen. Andere stecken voller Energie und begeben sich in ständig neue Aktivitäten. Oft entwickeln sie ein Helfersyndrom im persönlichen Bereich oder engagieren sich bei gesellschaftlichen Fragen. Manchmal schauen sie mitleidig und verständnislos auf Menschen, die nichts mehr tun, einfach nur da sein wollen.
Bei diesem Gedanken gehe ich mit mir ins Gericht, um Wertungen zu vermeiden.

***

Ich will mitspielen, manchmal ohne dabei meine Grenzen zu beachten, bis mich mein Körper nachdrücklich auf Überforderungen hinweist. Da fällt mir Großmutter ein, die deutlich machte, dass die Zeit der Ruhe im Alter einen hohen Stellenwert hat.
„Wir müssen keine Heldentaten vollbringen, doch unsere Gaben nutzen, sie nicht verkümmern lassen. Jeder soll so leben, wie es ihm entspricht“, betonte sie oft.
Aber die individuelle Lebenssituation und der Gesundheitszustand ermöglichen oder verhindern Pläne und Wünsche in der Gestaltung des Lebens, denke ich und würde gern mit Großmutter darüber diskutieren, um ihre klugen Gedanken zu erfahren.
Der Zehner-Rhythmus wird ab dem 40. Geburtstag oft neu definiert. *Älterwerden* wird zum Thema. Das zukünftige berufliche und persönliche Leben bekommt einen neuen Stellenwert, erinnert mutig oder mit Unbehagen an den unaufhaltsamen Lauf der Zeit. Mit 50 steht die Berufstätigkeit, manchmal auch noch die Karrie-

re, im Mittelpunkt des Lebens. Es können sich neue Perspektiven im Arbeitsleben ergeben, die Veränderungen nicht ausschließen. Mit 60 kommen Rentenansprüche in den Fokus der Überlegungen und der Abschluss der Berufstätigkeit. Mit der 70 im Blick werden Fragen zum Älterwerden und Sinnfragen neu gestellt.
Und am 80. Geburtstag? Erstaunen, gemischt mit Freude und vielen ängstlichen Fragen zu Vorsorgemaßnahmen für Pflege und Lebensmöglichkeiten, aber auch der dankbare Blick auf die Gegenwart.
Ich staune, als mein 80-jähriger Freund Bernd stolz seine neuen Fotografien präsentiert. Wie lange hatte er sich darauf gefreut, endlich zu fotografieren, endlich am frühen Morgen das Licht des Tages einzufangen und sich nicht durch den dichten Verkehr zur Firma zu quälen!
„Jeder Tag bringt eine schöne Überraschung!“, sagt er und an diesem Tag glaube ich ihm.
Der 90. wird oft öffentlich stolz benannt, dankbar gefeiert. Zurzeit gibt es viele Menschen, die dieses hohe Alter erreichen.
„Wenn ich morgens aufstehe, vielleicht an diesem Tag schmerzfrei, mich allein anziehen kann und mich auf mein Frühstück freue, dann ist meine Welt in Ordnung“, sagte mein alter Vater, kurz vor seinem 90. Geburtstag.
Wenn mich an Regentagen leuchtende Kristalle durch den Tag begleiten, ist meine Welt in Ordnung.
Persönliche Fragen fordern erneut eine Stellungnahme: Sind für mich Geburtstage zählbare, nachdenkliche Haltepunkte? Erkenne ich den roten Faden in meinem Leben? Wer bin ich? Was trägt mich? Was erwarte ich? Wovor fürchte ich mich?

Lebenslauf
Nach dem Wunder
Augenblicke
Stunden, Tage, Wochen
Zählbare kleine Schritte
Jahresringe
Sprünge:
Weit, hoch, tief.
Zehnerschritte
Stolpersteine
Fünferschritte
Jahresringe
Zählbare kleine Schritte
Wochen, Tage, Stunden
Augenblicke
Vor dem Wunder.

Ich denke an Hinrich, einen Freund, der demnächst hundert Jahre alt wird, also im Greisenalter ist. Er überrascht mich immer wieder mit seiner Neugier auf das Leben. Er hat sich vorbildhaft nicht in ein altersbequemes Leben zurückgezogen. Er stellt sich Herausforderungen, beachtet und akzeptiert dabei seine natürlichen Kraftreserven.
„Unsere Gesellschaft braucht Menschen, die in Ruhe hinschauen, ihre freie Zeit nutzen, sich aber auch für andere einsetzen", sagt er. „Wird mein Leben Schritt für Schritt langsamer und für die Jugendlichen immer schneller, frage ich mich."
Sein Motto ist auch ein Gedanke von Mascha Kaléko: Das *Minimum* ist des Alters *Maximum*.

Wir, die Alten

In der öffentlichen Meinung über Ältere nehmen zwei Gruppen einen breiten Raum ein und werden oft pauschal betrachtet: die fitten Alten und die Pflegebedürftigen.
„Alte sind eben nicht mehr leistungsfähig und kosten viel Geld. Wie sollen die Jungen das schaffen, mit all den Pflegebedürftigen, den hohen Renten und mit immer mehr Demenzkranken? Die Alten, die wohlhabend und sorglos durch die Welt reisen und ihre Renten verleben, aber das Gesundheitssystem sehr lange in Anspruch nehmen?“
Haben wir keinen Anspruch mehr auf eine neue Hüfte, wenn wir achtzig oder älter sind, wie ein Politiker vorschlug? Welches Bild vermitteln wir, auch wenn wir versuchen, unseren Beitrag in der Gesellschaft zu leisten?
Was sollen wir tun, wenn unsere Kräfte abnehmen und wir unsere Arbeit nicht mehr so unermüdlich wie früher erledigen können? Davon erzählt das Märchen der Bremer Stadtmusikanten: Der Esel, dessen Kräfte zu Ende gingen, sollte kein Futter mehr bekommen. Er gab nicht auf, sondern erinnerte sich daran, dass er noch andere Fähigkeiten besaß, als Lasten zu tragen. So beschloss er, Stadtmusikant zu werden. Auf seinem Weg traf er auf einen Hund, eine Katze und einen Hahn, die wie er alt waren und getötet werden sollten, weil sie zu nichts mehr zu gebrauchen wären. Der Esel machte seinen Leidensgenossen Mut, etwas Neues auszuprobieren, denn etwas Besseres als den Tod würden sie überall finden. Die alt gewordenen Tiere schlossen sich zusammen, nahmen ihr Schicksal in die Hand und wuchsen über sich selbst hinaus. Sie verfolgten ihren Traum und stellten sich der neuen Herausforderung.
Ihren Fähigkeiten und ihrem Wesen entsprechend kämpften sie, bewältigten Gefahren, um zu überleben. Den Kampf gegen Räuber konnten sie gewinnen und ließen sich häuslich im Räuberhaus

nieder. Sie stillten ihren Hunger, genossen die Nahrung, die sie erbeutet hatten.
Eine Alten-WG war entstanden und im Räuberhaus ging es lustig zu. In dieser Gemeinschaft fühlten sich die Alten wohl. Hier endet das Märchen.
Aber wie lange funktioniert ihre Alten-WG, wenn Nahrung und Kräfte aufgezehrt sind? Können und wollen die Alten ihren Traum gemeinsam erneut verfolgen, oder sind sie lebenssatt und lebensmüde geworden? Vielleicht treten individuelle Wesensmerkmale, Träume und Erwartungen der Alten deutlich in Erscheinung und bergen unüberwindbare Konflikte in sich.
Ich entdecke die verschiedenen Charaktere der Stadtmusikanten, in bunter Vielfalt, in unterschiedlicher Dimension, manchmal in mir: den störrischen Esel, den Lastenträger, der antriebsarm ist, lahmt und aufgefordert werden muss, sich weiterzuentwickeln. Den Hund, der unliebsames Fremdes verbellt, aber Vertrautes beschützt, laut bellt, weil er nicht „an der Leine geführt" werden will. Die Katze, die aus ihrem Versteck springt, Gefährliches vertreibt, Streicheleinheiten erwartet, aber kein edles, für sie speziell angerichtetes Katzenfutter. Und auch den Hahn, der mich ärgert, weil er – bis er nicht mehr kann – lauthals auf sich aufmerksam macht, krakeelt, andere aufweckt und immer das Dach für sich beanspruchen will. Doch ich halte ihm zugute, dass er den neuen Tag ankündigt und Anstoß gibt, aktiv zu werden.
Aus Angst vor Räubern will ich mich nicht verstecken. Ich will Räuber erkennen, gegen sie kämpfen, damit sie mir nicht meine geistigen und seelischen Kräfte rauben! Ich wünsche und hoffe, dass ich meinen neuen, unbekannten Weg bergauf – und manchmal bergab – bewältigen kann, mit dem Mut einer „Straßenmusikantin". Kann ich meine natürlichen Grenzen akzeptieren lernen, um sie versöhnlich zu integrieren? Ich hoffe es und versuche, mich auf meine Stärken zu besinnen, denn ich kann mehr als Lasten tragen, denke ich an aktiven Tagen.

Sehr oft muss ich den „inneren Schweinehund“ energisch verscheuchen, wenn er schon morgens auf meiner Bettkante sitzt, um mich daran zu hindern, aufzustehen und mit der Walkinggruppe durch den Wald zu laufen.
Diese altersgemischte Gruppe „Atmen für Anfänger“ mit Trainerin gibt dem Tag einen anderen Klang. Ohne über Krankheiten zu jammern, mit dem Ziel: Tief durchatmen!
„Das erfrischt Körper und Geist“, sagt die Trainerin, schaut in zweifelnde Gesichter und lacht.

Altersgerecht im Übergangsmantel

„Ihre Sehstärke ist altersgerecht“, sagt mein Augenarzt.
Altersgerecht? Was heißt das?
Die Anforderungen in der Sportgruppe sind altersgerecht, wird mir erklärt. Welcher Maßstab wird hierbei angelegt, welche Norm ist zu erfüllen?
Ab und an lache ich darüber, wenn ich an die unterschiedlichen Persönlichkeiten im Freundeskreis denke, mit ihren Fähigkeiten, die sie nicht altersgerecht leben, sondern ihren Kräften entsprechend. Und manchmal bin ich empört über solche Pauschalierungen!
Mein Outfit ist vielleicht nicht altersgerecht, auch nicht mehr auf Wirkung abgestimmt, aber bequem, farblich passend, mit Wohlfühlcharakter, auch von meiner Stimmung abhängig.
Es war der Morgen, als ich mich im spiegelnden Schaufenster des Modesalons betrachtete.
„Du hast dich überhaupt nicht verändert, du siehst so aus wie immer“, hatte eine alte Bekannte gesagt, die ich nach langer Zeit

getroffen hatte. Ich war irritiert, denn mir war gerade durch den Kopf gegangen, dass sie alt geworden war. *Alt sind immer nur die anderen,* dieser Spruch fiel mir ein, den ich einmal irgendwo gelesen hatte.
Verstohlen blickte ich in das Schaufenster, ordnete mit den Fingern mein Haar. Das Grau kommt wieder durch, muss ich färben? Ich vertagte diese Entscheidung.
Zwischen all den modischen, schicken Jacken mit auffälligen Gürteln, die die Taille besonders betonten, erschien plötzlich in meiner Erinnerung mein beiger, geerbter Übergangsmantel. Ein Film lief vor mir ab: Eine Tante hatte mir diesen Mantel vor langer Zeit geschenkt und für mich gekürzt. Ich hasste ihn, obwohl meine beste Freundin mir versicherte, dass ich darin sehr erwachsen aussehen würde!
Petticoats fielen mir ein und Parallelos, die in einem Stück gestrickt wurden, mein langes Kleid für den Abschlussball der Tanzstunde aus alter Brokatgardine, Seidenstrümpfe mit Naht und Laufmaschen ...
Oh, dachte ich, alte Menschen schwelgen in Erinnerungen, sagt man.
Die Verkäuferin hinter der Scheibe lächelte. Mutig betrat ich den Laden, zog den Bauch ein, sah mich um.
Die Verkäuferin musterte mich, sagte dann: „Für Ihr ...“, sie machte eine Pause, hustete, wahrscheinlich verschluckte sie sich an dem Wort *Alter* „... Ihre Größe führen wir leider nicht!“
An der Ausgangstür habe ich gelacht. Ein Privileg des Alters. Vor ein paar Jahren hätte mich die Bemerkung der Verkäuferin wahrscheinlich gekränkt.
Ich fühlte mich plötzlich frei, frei von Zwängen, atmete tief ein und aus und mein Bauch entspannte sich, ohne Beachtung der Taille.
Die Haare färbe ich, beige Steppwesten ziehe ich nicht an. High Heels (früher sagten wir Stöckelschuhe) natürlich auch nicht.

Ebenso keine Jeans mit „modischem“ Lochmuster an den Knien. Bei dieser Vorstellung muss ich zunächst lachen, doch dann fallen mir Zeiten ein, in denen es peinlich war, Hosen mit geflickten Knien zu tragen. Kinder galten als sehr arm, wenn sie solche Hosen trugen.

Falten am Hals, truthahnmäßig, lassen sich hervorragend mit Tüchern und Schals abdecken, erklärte mir eine Freundin. Also *Verkleidung*, denn Kleider machen Leute, wie in der Novelle von Gottfried Keller, denke ich amüsiert.

Was ist mit den feinen und tiefen Linien im alten Gesicht? Schmerzhafte Zeichen unsichtbarer Verletzungen und Narben. Verheilt? Eingraviert. Lachfalten, die von fröhlichen, farbigen Zeiten erzählen, von Erfahrung, Güte, Nachsicht – und von der Kraft der Liebe.

Vorbilder

„Warum fährst du nicht Fahrrad wie Frau L., die über achtzig ist und ihre Einkäufe in der Stadt mit dem Rad erledigt?“, fragte mein Sohn. Meine Nachbarin, die ich auf dem Markt treffe, freut sich, mich zu sehen. Sie stellt ihre Taschen mit den Einkäufen auf dem Boden ab.

„Jetzt müsste ich meinem Sohn erklären, dass ich mich unsicher fühle, dass mein Gleichgewichtssinn schwächelt, dass ich ängstlicher geworden bin. Zu diesem Zeitpunkt schaffe ich noch nicht, meine altersgemäßen Einschränkungen souverän zu benennen. Sie werden mir doch selbst gerade erst bewusst. Aber ich sage, dass ich mich mit Frau L. freue, dass sie es schafft.“

„Jüngere Menschen, auch unsere Kinder, nehmen oft nicht wahr, wie beschwerlich der Alltag im Leben alter Menschen sein kann und wie unterschiedlich unsere Kraftreserven sind“, sage ich.

„Ja, das stimmt! Ich kann doch nur meine Kräfte nutzen, meine Belastbarkeit wahrnehmen, aber auch meine Bedürfnisse – und kann lernen, Stolpersteine rechtzeitig zu erkennen!
Morgens bin ich nicht sehr fit“, gesteht sie. „Es dauert eine Weile, bis ich mich schmerzfrei bewegen kann. Aber ich weiß, dass ich mich nach dem Frühstück, das ich in aller Ruhe genieße, besser fühle, sogar manchmal laut vor mich hinsinge.“
„Mir geht es ähnlich“, stimme ich zu. „Ich bin langsamer geworden und brauche für alle Verrichtungen mehr Zeit als früher. Da machte es mir nichts aus, aus dem Bett zu springen, immer mit der Zeit im Nacken den Tag zu gestalten.“
„Aber wir haben jetzt Zeit! Wie lange habe ich mich nach einer bestimmten Langsamkeit gesehnt“, antwortet sie. „Schulbrote schmieren, Turnschuhe der Kinder suchen, an Materialien erinnern, immer mit dem Blick auf die Uhr, damit die Kinder pünktlich zur Schule kamen und ich zur Arbeit!“
„Dazu fallen mir viele Beispiele ein“, bestätige ich.
Wir lachen, als wir unsere kleinen Katastrophen austauschen und uns zu gelegentlichen kleinen Vormittagsschläfchen bekennen. Unsere Freiheit, die wie frisch gebackenes, warmes Brot schmeckt!

***

In meiner Lieblingsbuchhandlung kaufe ich für meinen Enkel eine Biografie von Hannah Arendt, die er sich gewünscht hatte.
„Neuerdings lese ich mit großem Interesse Biografien“, sagte er am Telefon. „Lebensgeschichten von Menschen aus einer anderen Zeit; die Lebenserfahrung und Weisheit anderer Generationen faszinieren mich!“
Mir ist in diesem Zusammenhang Annette von Droste-Hülshoff sehr nahe. Mutig, vorbildhaft kämpfte sie gegen ihre anhaltenden schweren Krankheiten. Obgleich sie ihr Leben lang sehr kurzsichtig war, gelang es ihr, kleine Dinge zu sehen, wahrzunehmen. Ihre Gedichte erzählen davon. Sie ließ sich nicht entmutigen, als sie

belächelt wurde und während ihrer Lebenszeit keine Anerkennung als schreibende Frau bekam. Ohne aufzugeben, wandte sie sich gegen Vorurteile!
Tief berührte mich vor Jahren ein Besuch in der Meersburg, wo Annette von Droste-Hülshoff zeitweilig lebte. In ihrem Schreibzimmer mit Blick auf den Bodensee konnte ich nachspüren, was sie in ihren Gedichten ausdrückte. Ich entdeckte ihre Todesanzeige, die gerahmt an der Wand hing, und stellte fest, dass mein Geburtstag auf ihren Todestag fällt – und der Spruch in der Anzeige mein Konfirmationsspruch war: *„Sei getreu bis an den Tod, so will ich dir die Krone des Lebens geben.“* Warum erinnerte ich mich in jenem Moment an meinen Konfirmationsspruch, wundere ich mich.
Birgitta, meine Freundin, liebte die Gedichte von Annette von Droste-Hülshoff ebenfalls. In vielen Telefonaten sprachen wir darüber. Birgitta, die jahrelang, bis zu ihrem Tod, mutig mit ihrer MS lebte und ihre Freundinnen tröstete, die sich um sie sorgten. Es gelang ihr meist, Unvollkommenes anzunehmen und das Altern als Selbstverständlichkeit zu betrachten, um innere Ruhe zu finden. Den „Istzustand“ wertzuschätzen. Dankbar erinnere ich mich an viele unserer Telefongespräche über Literatur, Kunst und gesellschaftliche Probleme. Wir tauschten uns über persönliche Fragen aus, betraten Wege in vertraute und neue Bereiche. Es entstand eine andere, intensive Verbindung zwischen uns, die dazu beitrug, trotz körperlicher Beschwernisse nicht zu vereinsamen. Lange Strecken liefen wir miteinander. Ich bedaure, dass ich oft eine Abkürzung wählte und nicht den Umweg, um mehr Zeit mit ihr zu verbringen.

***

Wenn ich mit mir hadere, weil mich Versäumnisse belasten, besinne ich mich auf Großmutters Rat: *„Du musst es so nehmen, wie es kommt, dir auch mal selbst verzeihen“*, sagte sie, lächelte verschmitzt und humpelte durch den Garten. Dann richtete sie sich auf. Eine gebückte Alte mit „Witwenbuckel" wollte sie nicht sein, sie wollte nicht darüber jammern, was alles nicht mehr geht. Sie freute sich über das, was sie noch schaffte, und war sogar ein wenig stolz darauf.

Ich glaube, dass die Gelassenheit, die sie lebte, ihr sehr geholfen hat. Lebenserfahren und weise, wie sie war, wollte sie sich nicht in Prozesse einmischen, die ohnehin nicht zu ändern waren. Wenn sie aber erkannte, dass es notwendig war zu kämpfen, dann setzte sie ihre Kraft ein. Zum Ende des Krieges etwa, im Frühjahr 1945, hatte sich im Dorf zunächst das Gerücht verbreitet, dass amerikanische Panzer auf dem Weg seien. Als die Amerikaner schließlich Wohnungen und Häuser beschlagnahmten und unser Haus besetzten, behielt Großmutter den Überblick. Sie bestand mutig und deutlich auf bestimmten Regeln: Mit Stiefeln ins Bett legen? Doch nicht bei ihr!

Als ein Soldat ihr auf einem Tablett die Schlüssel der alten Bauernschränke grinsend überreichen wollte, schrie sie ihn an. Er solle sie sofort zurückbringen! Sie wollte verhindern, dass die Schränke aufgebrochen und damit auch noch zerstört wurden. Die Amerikaner seien nämlich nicht als Befreier gekommen, sondern als Besatzer, erklärte sie später.

In dieser unglaublich schwierigen Situation wurde sie, die einfache Bäuerin, als Autorität wahrgenommen und anerkannt.

Liebe Marie,
die Soldaten verwöhnten uns Kinder mit Schokolade, die wir zum allerersten Mal bekamen. Oma lechzte nach Bohnenkaffee, den einer der Soldaten eimerweise wegschüttete. Ich versuchte, Schokolade gegen Kaffee für Oma einzutauschen. Oma bekam den Kaffee und ich durfte die Schokolade behalten. Wie gern hätte ich mit dir Schokolade und Freude geteilt!

Uralte Fragen

Noch einmal lief ich am Morgen barfuß am Strand entlang, der jetzt fast menschenleer war. Mein Ostseeurlaub war zu Ende. Bewusst nahm ich Abschied, blickte lange aufs Meer. Ich entdeckte am Horizont ein Segelboot. Sanfte Wellen kamen und gingen und stellten die uralten Fragen: Wer bin ich? Woher komme ich? Wohin gehe ich?
Ich watete ein Stück durch das seichte, angenehm kühle Wasser und spürte den Sog des Meeres. Werde ich wiederkommen?
Beim Abschied von Orten, von Menschen, schleicht sich oft ein Gedanke der Endlichkeit ein.
Ich schwamm noch einmal hinaus, in großen Zügen voll Hoffnung.
Es gibt Ereignisse, die uns tief berühren und Spuren unwirklicher Schönheit hinterlassen. Ein Aufeinandertreffen von etwas, das sich nicht erklären lässt.
Ich erinnere mich an den Fremden, den ich bei einer Feier traf. Wir erkannten uns in einer Dimension, die uns unbekannt und trotzdem vertraut erschien. Es folgte ein intensiver, nonverbaler Dialog, in dem Bewusstsein, dass sich solch eine Beziehung nicht leben lässt.
Ich sah ihm nach, berührt von dem Augenblick der Begegnung, als er seinen Rucksack nahm, um zu seiner lange geplanten Expedition in Lappland aufzubrechen.

***

Es gibt Menschen, die in keinem meiner Telefonbücher, in keiner meiner E-Mail-Adresslisten vermerkt sind, dachte ich, als ich heute in meinem Adressbuch nach einer Telefonnummer suchte. Dabei wurde mir bewusst, dass mehrere Menschen, die ich hier eingetragen hatte, nicht mehr lebten. Einige davon waren jünger gewesen als ich!
Ich erschrak. Traurigkeit erfasste mich. Die Menschen um mich herum, die mir über lange Jahre vertraut waren, leben nicht mehr.

Wenn ich ihnen doch mehr Aufmerksamkeit geschenkt hätte!
Jetzt ist ihre – unsere gemeinsame – Zeit vorbei.
Wenn ich Todesanzeigen in der Zeitung lese, schaue ich auf die Geburts- und Todesdaten.
Heute werden Menschen 90 und sogar 100 Jahre alt. Manchmal bekommen sie öffentlich Applaus für ihr hohes Alter oder werden in Talkshows mit besonderen, nicht altersgemäßen Leistungen präsentiert. Es macht mich wütend, wenn alte Menschen zur Unterhaltung anderer, jüngerer benutzt werden. Wenn man sie respektlos vorführt.
Wird von einem Todesfall erzählt, kommen Fragen und Bewertungen: Wie alt ist er geworden? War er krank? Er hat sich ständig überfordert, war zu ehrgeizig. Er hat ungesund gelebt, so viel geraucht! Der gesundheitliche Zustand lässt sich in bestimmtem Maße beeinflussen, aber nicht der Todeszeitpunkt, sieht man von einem Suizid ab. Sind Menschen für ihre Lebensdauer verantwortlich? Ist es ein persönliches Verdienst, alt zu werden, und ist man vielleicht selbst schuld, wenn man „früh“ stirbt? Diese Meinung wird oft gedankenlos vertreten.
Wenn mir in Todesanzeigen immer häufiger mein Jahrgang auffällt, wird mir deutlich, dass ich schon eine lange Lebensstrecke hinter mir habe, dass meine zukünftige wesentlich kürzer ist. Auf keinen Fall will ich mich einer Wahrscheinlichkeitsrechnung unterwerfen!
„Einen neuen Tisch kaufen oder einen Gartenstuhl? Das lohnt sich nicht mehr!“
Solche Bemerkungen höre ich hin und wieder. Sie erstaunen, machen mich sogar ratlos. Warum sollten wir uns nicht mit Dingen umgeben, die uns guttun?
Eine Kosten-Nutzen-Rechnung? Da fällt mir der Satz ein, der Martin Luther zugeordnet wird: *Wenn ich wüsste, dass morgen die Welt unterginge, würde ich heute noch ein Apfelbäumchen pflanzen!*
Ich bin dankbar für jeden Tag, den ich lebe.

Wie geht es dir, werde ich gefragt. Wenn ich den Eindruck habe, dass dies eine rhetorische Frage, eine Floskel ist, antworte ich mit einem Lächeln, einer Gegenfrage. Spüre ich jedoch ein wirkliches Interesse, Anteilnahme, dann läuft bei mir ein Screening ab, blitzschnell. Das Ergebnis ist meist positiv. Wie schön, dass es mir gelingt, den Augenblick uneingeschränkt wahrzunehmen! Vergessen ist ein schmerzhaftes Gestern.

***

Ich bin froh, die Chance zu haben, Versäumtes nachholen zu können. Hoffentlich gelingt es mir, auch Irrtümer zu erkennen. Fehler einzugestehen. Menschen zu treffen, denen ich vielleicht etwas schuldig geblieben bin, weil sie zum Beispiel Verständnis, Zuwendung, Hilfe erwartet haben und ich es nicht bemerkte. Menschen, die ich verletzte, ohne es zu wollen, ohne es zu spüren, ohne um Verzeihung zu bitten.

In der kostbaren Phase, abends zwischen Wirklichkeit und Traum, begegnen sie mir manchmal, wie in einem Film. Oft lassen sie sich nicht wegschicken und hindern mich am Einschlafen. Sie schenken mir Denkaufgaben für den nächsten Tag.

Als junger Mensch habe ich mich in Konfliktsituationen sehr schnell auf die Suche nach dem „Schuldigen“ begeben, um keine Schwäche zu zeigen, sondern recht zu behalten.

Jetzt im Alter kann ich manchmal mutiger mit Bedenken umgehen, um Hindernisse aus dem Weg zu räumen. Oft erlebe ich allerdings die Situation erneut, in einem Gefühlschaos, finde Argumente zu meiner Verteidigung, entlastende Erklärungen für die entstandene Situation und erkenne erst spät meinen Anteil an dem Konflikt. Ich versuche dabei, tief vergrabene Fragen anzusprechen, Missverständnisse zu klären, nach Antworten zu suchen. Um Verzeihung zu bitten, fällt mir trotzdem manchmal schwer.

In der Fußgängerzone

Heute Morgen bin ich sehr früh in die Stadt gegangen. Die Läden waren noch geschlossen. In der Fußgängerzone begegneten mir nur wenige Menschen. Viele ältere und einige sehr alte. Einige mit Rollatoren, den stillen Helfern.
Vor der Bäckerei, einem Treffpunkt für ein bezahlbares Frühstück, standen ein Mann und eine Frau und warteten. Ein altes Ehepaar? Oder hatten sie sich hier zum Frühstück verabredet? Ein sehr alter Mann, auf einen Stock gestützt, schleppte sich an ihnen vorbei bis zu einer Bank. Das Atmen fiel ihm schwer. Er schnappte nach Luft. Vielleicht hatte er seine Wohnung so früh verlassen, um am Leben teilzunehmen. Vielleicht aber auch deshalb, weil die Nacht für ihn wieder einmal viel zu lang gewesen war und er nicht schlafen konnte.
Eine greisenhafte Frau trippelte unsicher über den Bordstein. Sie stützte sich mit beiden Händen auf ihren Rollator. Als sie kurz aufschaute, lächelte ich ihr zu. Sie blieb stehen und lächelte auch. Strahlende Augen blickten mich an. Ich schaute fasziniert zu ihr, angerührt von der Schönheit in diesem alten Gesicht. Eine lange Lebensgeschichte schien sie zu erzählen, von Weisheit. Von Liebe. Für einen Moment waren wir beide nicht einsam.
Nachdenklich lief ich weiter. Wie sehr hatte sich das Stadtbild verändert. Oder war es mein Blick darauf? Vielleicht ist es der frühe Morgen, wenn die Stadt noch nicht wach ist.
Mein Lieblingscafé am Marktplatz hatte noch nicht geöffnet. Die Putzhilfe wischte gerade den Eingangsbereich. Nur draußen in der Raucherecke saßen an drei verschiedenen Tischen drei verschiedene Menschen. Zwei Frauen, ein Mann, ohne Blickkontakt zueinander. Sie rauchten. Der Kellner des Cafés reichte der älteren Frau eine rote Fleecedecke. Die Frau griff schnell danach und wickelte sich darin ein. Ich zog die Schultern hoch und spürte die morgendliche Kälte. Als ich um die Ecke ging, hörte ich die Frau immer noch husten.

Ich schloss die Augen, versuchte die seltsamen Geräusche dieses Morgens wahrzunehmen. Ich vermisste die Kinder. Sie waren wohl schon in den Kitas und Schulen. Als zwei Mädchen an mir vorbeiradelten und lachten, breitete sich eine ansteckende Fröhlichkeit aus.
„Wie gut, dass die erste Stunde ausfällt!“, rief das eine Mädchen.
„Zum Glück Englisch! Ich hab die Vokabeln nicht gelernt!“
Ein Müllwagen fuhr vorbei. Der Fahrer winkte. Ich winkte zurück. Die junge Frau am Dachfenster, mit dem Kaffeebecher in der Hand, begrüßte lachend den Morgen.
Ich holte mir am Kiosk einen Kaffee. Während ich das Kleingeld nahm, streckte sich mir eine Hand in einem zerrissenen schmutzigen Handschuh entgegen.
„Vorsicht, der Kaffee ist heiß!“, sagte ich und gab der noch jungen, vielleicht obdachlosen Frau meinen Kaffeebecher. Sie hockte auf einer alten Decke neben dem Kiosk. Ein kleiner struppiger Mischlingshund lugte unter der Decke hervor. Lachend und laut erzählend kamen zwei Frauen über die Straße. An der Leine führten sie ihre lebhaften Pudel. Der kleine Mischling knurrte leise. Aber die beiden Pudel nahmen keine Notiz von ihm.
Plötzlich wurde die Stadt lebendig. Die Läden öffneten. Männer und Frauen hetzten durch die Fußgängerzone. Einige waren verkabelt oder schauten auf ihre Handys. Sie redeten mit entfernten Gesprächspartnern, ohne Kontakt zur Umwelt.
Wo ist mein Platz in dieser Stadt, in diesem Lebensabschnitt, ging es mir durch den Kopf, während ich auf dem Weg zum Arzt war.

***

Was mache ich, wenn mein Leben beschwerlicher wird, wenn ich es allein nicht mehr bewältigen kann? Wo sind Hilfsangebote? Wo sind Freunde, Menschen, denen ich vertraue?
Die Angst vor dem Altsein ist manchmal übermächtig. Meist spielen dabei die körperlichen Probleme eine Rolle, die den Bewegungsradius schmerzhaft einschränken können oder gar unmög-

lich machen. Ich versuche, den stechenden Schmerz in der Schulter zu ignorieren.
Wie wichtig wird dann die geistige Beweglichkeit, die Lust und Freude am Denken! Ich betrachte die Bücher im Schaufenster der Buchhandlung.
„Je älter ich werde, desto weniger fürchte ich mich vor dem Alter", sagte gestern eine Freundin. „Auch der Blick auf das Ende des Lebens verändert sich!"
„Alt zu werden bedeutet für mich Arbeit, Arbeit an mir selbst", antwortete Bastian, ihr Mann, und grinste.
„Arbeit?" Meine Freundin lachte. „Bastian, vergiss nicht deinen Werkzeugkoffer mitzunehmen. Die Bohrmaschine ist wichtig, falls du tiefer bohren musst! Zieh den guten Anzug aus, mit dem du dich zum Meeting verkleidest. Bei dieser Arbeit brauchst du bestimmt einen Blaumann und Arbeitshandschuhe, zum Schutz bei gefährlichen Stellen."
Bastian schaute sie an, zögerte einen Moment und lachte nicht mehr.
„Für mich bedeutet Altwerden ein *Geschenk*. Meistens", sagte meine Freundin nun.
„Geschenk? Dein Geschenk pack vorsichtig aus. Bedenke, du kannst es nicht umtauschen!", sagte er. „Du liebst Überraschungen, behauptest du. Manchmal weißt du aber nicht sofort, was du mit dem Geschenk machen sollst. Ich bewundere dich, wie du es mit allen Sinnen betrachtest, wie du es aus der Nähe ansiehst, oder mit Abstand. Wie du es an dein Herz drückst. Beschädige nicht das Geschenkpapier, streich es glatt. Du benutzt es doch immer mehrmals, so wie du zu mir auch alles zweimal sagst (was mich oft nervt). Wenn dein Geschenkband verknotet ist, helfe ich dir gern beim Aufknoten!"
Bastian küsste sie. Die Vertrautheit zwischen ihnen rührte mich.
Glücklicherweise wechseln die Phasen der Altersangst mit Phasen der Freude über das Leben. Dann begegnet mir das Alter als Freund.

Heute ist ein neuer Tag. Vielleicht mit Überraschungen, verpackt in farbenfrohes Geschenkpapier.

Kraft

Plötzlich ist es da,
das Gefühl von Kraft.
Alles ist möglich,
du spürst es,
richtest dich auf,
lächelst.

Gestern
war gestern.
Verharren
in unbestimmtem Rhythmus,
diffusem Bangen,
gefangen.
Heute
ist heute.
Wärme und Glück.
Jubelnd
vertreibst du
den feindlichen Blick.

Mein Selbstbild

»Sie haben sich gar nicht verändert«, sagten wieder einmal Bekannte, denen ich begegnete.
Natürlich freue ich mich. Aber ich weiß, dass ich mich verändert habe – und weiterhin verändere. Mein Selbstbild bröckelt. Ich spüre, dass etwas in mir wächst, etwas Fremdes, das ich erst ken-

nenlernen muss. Ich bin dünnhäutiger geworden. Negative Bemerkungen über alte Menschen, Diskriminierungen treffen mich sehr! Ich bin aber mutiger, klarer und sicherer, wenn kritische Fragen gestellt und ungewöhnliche Antworten gegeben werden müssen.

Natürlich verändere ich mich auch körperlich. Dazu fällt mir das Schockerlebnis in der engen Umkleidekabine ein. Beleuchtung von allen Seiten. So sieht ein alter Körper aus. Ich richte mich auf, ziehe den Bauch ein. Schokolade, Eisbecher – ade! Ich blinzle mir zu.

Marie,
lach mit mir über die Verrenkungen, die ich veranstalte, um meine Schuhe anzuziehen. Ohne Hocker, an die Wand gelehnt.

Narben
Narbe am Knie
Fahrradsturz.
Blutet, tut weh.
Ist nicht schlimm,
sagt Mama und pustet.

Narbe am Kopf
Unfall.
Schwierige Operation.
Oma hat Angst
und betet.

Narbe unsichtbar
Lebensstufe.
Schmerzhaft, verborgen.
Endlich verheilt,
sagt die alte Frau.

Meine Belastbarkeit im Allgemeinen lässt nach. Nehmen Geduld und Toleranz zu? Ich habe das Gefühl, dass mein Blick auf andere Menschen milder wird und liebevoller. Merkwürdige Verhaltensweisen nicht zu bewerten, nicht zu verurteilen, darum bemühe ich mich.
Aber immer noch ungeduldig, muss ich lernen, den Freund in mir für mich zu entdecken! Wo ist mein Anwalt, mein Verteidiger, wenn mein Anspruch an mich übermächtig ist? Wenn mir Sachen nicht gelingen, die früher „mit links" möglich waren, ärgere ich mich, bin wütend und verzweifelt, habe schlechte Laune, bin ungerecht mir gegenüber und in Begegnungen mit anderen. Manchmal stürzt sogar mein mühevoll aufgebautes Kartenhaus zusammen.
Dann ermahne ich mich, schimpfe! Manchmal rede ich mir freundlich zu. Ich muss lernen, mir selbst zu vergeben.

Ach, Marie, wenn du da wärst!

Es tut gut, sich humorvoll über all die kleinen und großen, lustigen und peinlichen Ereignisse auszutauschen. Gleichaltrige Menschen, Freunde und Freundinnen wissen aus eigener Erfahrung, was das bedeutet und wie verzweifelt uns manchmal das Nachlassen der körperlichen und geistigen Kräfte belastet!
Können wir nicht froh und dankbar sein, für alles, was wir *noch* machen können?
Großmutter, wie hast du das geschafft?, denke ich.
Was *noch* geht, sagt allzu oft der Kopf. Dabei ist wichtig zu akzeptieren, dass einiges zwar nicht mehr geht – und zu sehen, dass überraschend Neues hinzugekommen ist! Mir fällt Gerda ein, die mit 78 Jahren Bauchtanz gelernt hat.
Um den Istzustand zu erhalten, beschäftigen wir uns mit gesunder Ernährung, kämpfen gegen Übergewicht, joggen, wandern, schwimmen und unternehmen lange Spaziergänge. Dabei können wir keinen Vorrat an Beweglichkeit und Muskelkraft anlegen, son-

dern müssen unserem Körper täglich etwas Gutes tun. Das trägt zum Wohlbefinden bei, trotz großer Anstrengung.
„Wer rastet, der rostet!“, erklärt Gerda und grinst. „Mein Blutdruck ist stabiler, seit ich regelmäßig laufe und tanze. Der Arthrose in den Gelenken sage ich Tschüss.“
„Ich genieße es, durch Laufen meinen Kopf freizubekommen. Fragen klären sich manchmal nach dem Laufen durch meinen geliebten Wald“, ergänze ich.
„Schlechte Laune verschwindet!“, meint Gerda.
Was brauche ich jetzt, heute?, überlege ich.

Eine Begegnung

Es war früh am Morgen. Tagelang hatte es geregnet und meine Sehnsucht nach Licht und Wärme war gewachsen. Nun schien endlich die Sonne und lockte mich zu einem Spaziergang heraus. Auf dem Weg durch den Park setzte ich mich auf eine Bank. Plötzlich fiel mir ein, dass ich mir als junge Frau gewünscht hatte: einmal in der Woche „eine alte Oma“ zu sein und in der Sonne auf einer Bank zu sitzen. Ein großes Bedürfnis nach Verweilen, Besinnung und Ruhe.
Es war nicht der Überdruss an der Gegenwart, nein: Die Gegenwart hatte einen sehr hohen Wert, erfüllt von Dankbarkeit und Freude. Aber heute war ich eine alte Oma, saß in der Sonne auf der Bank und dachte an meine Zukunft. Ich musste lachen.
Ein älterer Mann kam vorbei und wollte wissen, worüber ich mich so amüsierte. Ich erzählte es ihm. Er hörte still zu.
„Einmal in der Woche ausruhen, abschalten, sich mit zukünftiger Lebenszeit beschäftigen, dabei die Wärme der Natur spüren. Ein guter Gedanke“, meinte er.
Einmal in der Woche auf einem Spielplatz barfuß durch den Sand-

kasten laufen, in der Nestschaukel liegen, ging es mir durch den Kopf. Die Lebenswirklichkeiten junger Eltern spüren und verstehen lernen: Familie und Beruf koordinieren und dabei wertvolle Haltepunkte finden. Können wir Älteren aufgrund unserer Erfahrungen dabei Hilfestellung geben?

Mein Gesprächspartner Martin, so stellte er sich vor, war seit Kurzem Rentner. Vor einigen Wochen hatte er seinen Schreibtisch geräumt, den Schlüssel der Firma abgegeben und sich von den „oberen Chefs" und seinem Team verabschiedet. Sein Nachfolger hatte schon mit den Hufen gescharrt.

„Als ich in meinen alten PKW stieg, den Firmenwagen hatte ich schon abgegeben, und das letzte Mal vom Firmenparkplatz wegfuhr, stellte sich nicht das Gefühl von Freiheit ein, es war eher Wehmut", erzählte Martin. „Mit Gedanken an die Firma schläfst du ein und wirst morgens als Rentner wach! Lange habe ich darauf gewartet, nicht mehr fremdbestimmt meine Tage zu gestalten. In der ersten Zeit fühlte ich mich unbelastet, wie im Urlaub. Aber bald merkte ich, dass es völlig anders war. Ich vermisste die Projektarbeit, die kleinen Gespräche am Rande, sogar mit den Kollegen, die mich oft genervt haben. Den Ärger und die Diskussionen, wer mit dem Kaffeekaufen dran ist. Die vergessenen Termine und vieles mehr."

Ein Fußball landete vor unseren Füßen. Martin sprang auf, schoss kraftvoll den Ball zu dem kleinen Fußballspieler zurück. Fast hätte er dabei eine Frau getroffen, die mit einem Einkaufskorb vorbeiging und ihm einen bösen Blick zuwarf.

„Cooler Schuss!", rief der Junge.

Martin lachte und setzte sich wieder zu mir auf die Bank.

„Schon morgens musste ich diverse Entscheidungen treffen", erzählte er. „Es war mir wichtig, die Kollegen und Kolleginnen nach Möglichkeit einzubeziehen. Sie sollten sich wohlfühlen und wertgeschätzt sein."

Ja, dachte ich. Wir verbringen im Beruf nicht nur Arbeitszeit miteinander, sondern auch ein großes Stück Lebenszeit. Ich erinnerte mich an viele Teamgespräche, in denen wir diesen Gedanken immer wieder thematisierten und dadurch das Betriebsklima verbessern konnten.

„Beim Abschied hat mir mein Nachfolger deutlich signalisiert, dass er keine Fragen an mich hat. Meine Meinung nahm er höflich zur Kenntnis, aber alles Gesagte war für ihn nicht wert, einen Gedanken daran zu verschwenden. Ergebnisse einzelner Projekte hätten mich auch weiterhin interessiert. Aber es wurde mir blitzartig klar, dass es keine Verbindung mehr zur Firma geben würde." Martin wirkte resigniert. „Ich spiele nicht mehr mit. Mit dieser Tatsache muss ich mich abfinden. Ich werde nicht mehr gebraucht." Er atmete tief ein und ließ beim Ausatmen die Schultern mit einem Ruck fallen.

„Wenn Sie wieder einmal in der Sonne auf der Bank sitzen, dann rufen Sie mich an. Hier ist meine Nummer." Martin reichte mir sein Handy und ich übertrug seine Nummer in mein Handy. Dann joggte er los. An der Fußballwiese blieb er stehen. Ob er dort mitspielen konnte?

Die Begegnung mit Martin rührte mich. Ich wunderte mich nicht über das Vertrauen, das mir dieser fremde Mensch entgegenbrachte. Oft erlebe ich, dass sehr schnell eine Vertrautheit zwischen älteren Menschen entsteht. Ich konnte Martins Fragen und Gedanken gut verstehen und bestätigen. Das Bewusstsein, nicht mehr dazuzugehören, hatte mich beim Start in mein Rentnerdasein ebenso heftig überfallen.

Es ist schon eigenartig: Beim Einstieg in das Berufsleben gibt es Unterstützungen unterschiedlicher Art. Den Ausstieg müssen wir oft völlig allein bewältigen.

Laufende Gespräche

Ich bin müde geworden, aber ich muss umschulen! Zu meiner „Umschulung“ soll auch Sport gehören. So beschließe ich, täglich mindestens eine halbe Stunde zu laufen. Das gelingt mir nicht immer. Was hält mich alles davon ab: Es ist zu kalt, zu nass, zu heiß, ich fühle mich nicht gut, besonders morgens, bin müde, habe „wichtige“ Termine ...

Heute scheint endlich wieder die Sonne. Das weckt meine Bewegungslust. Als ich durch den Park laufe, wo ich heute nicht die Oma auf der Bank sein will, sitzt Martin dort, wo wir uns erstmals begegnet sind.

Er springt sofort auf und wir laufen gemeinsam weiter.

„Mir geht es ziemlich schlecht“, erzählt er.

Ehemalige Kollegen laden ihre dienstlichen Probleme bei ihm ab. Martin leidet darunter, denn er muss erkennen, dass er nicht helfen kann. Für ihn war immer klar, dass Leistungsbereitschaft und Leistungsfähigkeit mit menschlicher Wärme und Achtsamkeit zu tun haben. Doch die Situation in der Firma hat sich geändert, der ständige Personalwechsel im Team spricht für sich.

„Hat nicht der Arbeitgeber auch eine Fürsorgepflicht seinen Angestellten gegenüber? Oder ist das altmodisch gedacht?“, fragt er. Martin beschleunigt das Tempo, sodass ich mich anstrengen muss, um mitzuhalten.

„Nie habe ich gedacht, dass es mir so schwerfallen würde, zu akzeptieren, ohne „Arbeit“ zu leben. Mir fehlt die Verantwortung. Ich gehe auf keinen Fall zu Besuch in die Firma! Wie gut erinnere ich mich an die genervten Kollegen, wenn ehemalige Mitarbeiter „auf einen Sprung“ vorbeikamen. Wir alle waren höflich, aber unter dem üblichen Zeitdruck froh, wenn sie wieder gingen!“

Martin fühlt sich einsam. Jahre-, fast jahrzehntelang hat er keine Zeit gefunden, Freundschaften zu pflegen. Das rächt sich jetzt.

„Nun ist mir klar geworden, dass ich kaum persönliche Beziehungen zu einzelnen Kollegen aufgebaut habe. Mein Gerechtigkeitssinn hat mich immer davon abgehalten. Ich wollte, weil ich ja ihr Chef war, keinen meiner Mitarbeiter bevorzugen. Bei Betriebsfesten hielt ich mich besonders zurück. Unglückliche Begebenheiten, Flirts und Grenzüberschreitungen, Szenen unter Alkoholeinfluss, die das Arbeitsklima nachhaltig beeinflussten, waren für mich warnende Beispiele. Vielleicht werde ich mal zum Ehemaligen-Treffen gehen, über das ich mich früher mit Naserümpfen amüsierte."
Ich bleibe stehen, schnappe nach Luft. Martin ist viel fitter als ich, ihm scheint das Laufen nichts auszumachen. Wieder einmal bekräftige ich innerlich meinen Entschluss, mehr für meine Kondition zu tun, auch bei Regenwetter zu laufen. Heimlich kreuze ich Mittel- und Zeigefinger, wie ein Kind. Das werde ich aber nur meiner Enkelin verraten, die mich einmal zu einem Wettlauf motivierte. Vorher fragte sie mich, ob sie mich gewinnen lassen sollte oder so laufen wie immer ...
„Niemand ruft an. Dabei hab ich doch jetzt Zeit", stellt Martin fest. Seine Freunde haben sich wahrscheinlich enttäuscht zurückgezogen, weil ihn viele Jahre lang ausschließlich sein Beruf beansprucht hat.
„Natürlich sehnte ich mich während meines Arbeitslebens oft nach selbstbestimmter Zukunft, denn im Tagesgeschäft kam ich nicht zur Besinnung. Die Tage rasten dahin und abends fiel ich todmüde auf mein Sofa. Selten hab ich das Ende vom Fernsehkrimi mitgekriegt, da schlief ich schon", resümiert Martin weiter. „Ich sah einfach keine Möglichkeit, Vorsorge zu treffen, Freunde in mein Leben einzuladen und an ihrem Leben teilzunehmen. Heute weiß ich, dass ich leider versäumt habe, rechtzeitig ein verlässliches soziales Netz zu knüpfen. Das würde mir jetzt helfen! In dieser Zeit habe ich mich auch wenig um meine Frau gekümmert. Wir lebten uns auseinander. Es war das Ende unserer Ehe. Was, wenn wir Kinder gehabt hätten? Aber Kinder konnten wir uns

nicht leisten, dachten wir. Meine Frau wollte nicht auf ihren Job verzichten. Sie liebte ihre Boutique, ihre Kolleginnen und beriet ihre Kundinnen leidenschaftlich gern. In meiner Firma wäre es das Aus gewesen, Familienzeit zu nehmen war damals undenkbar. Heute hat sich endlich auch im öffentlichen Bewusstsein einiges verändert! Es ist schon fast normal, junge Männer mit Kinderwagen zu treffen, manchmal sogar ohne Handy. Oder Väter, die ihre Babys im Haltetuch auf der Brust tragen."

Das Gefühl überflüssig zu sein, beherrscht Martin offensichtlich.

„Was kann man tun, um wieder einen Sinn im Leben zu sehen?", fragte er auch bei einem späteren Treffen mit Freunden.

„Diese Frage hatte mich auch eine Zeit lang beschäftigt", sagt Bernd. „Als mir klar wurde, dass mein Körper, mein Geist und meine Seele nicht in der Firma zurückgeblieben waren, nicht in Rente gingen, begriff ich, dass mein neues Leben in der Freiheit ohne Berufstätigkeit eine Struktur benötigte. Regelmäßigkeit, die dann zu geliebten Ritualen wurde, stellte sich als Hilfe heraus. Zur Sportgruppe gehe ich seitdem einmal in der Woche und anschließend mit anderen Mitturnern ins Café. An Verabredungen jeglicher Art habe ich im letzten Jahr sehr oft teilgenommen – ins Kino, zu Lesungen und auf Konzerte gehen. Doch bald stellte ich fest, dass dies nicht ausreichte, um ein sinnvolles Leben zu führen. Als die Anfrage kam, ob ich Essen auf Rädern ausfahren möchte, da habe ich sofort zugegriffen!"

„Es gibt viele Möglichkeiten", bestätigt Eva und erzählt von ihrer Mitwirkung im Kinderschutzbund. „Dort werde ich gebraucht und mir gibt es das Gefühl, etwas Positives zu leisten!"

„Nun musst du deinen ehemaligen Kollegen nicht nachtrauern", sage ich.

„Das stimmt! Nächste Woche fahre ich zu einer Fortbildung. Das ist für mich eine Herausforderung. Konzentriert zuzuhören und in Workshops mitzuarbeiten, ist eine neue Erfahrung, auf die ich mich freue!"

Sich erinnern

Aufräumen

Ich freue mich auf die Abendstimmung, wenn der Tag sich leise zurückzieht. Ich koche meinen Lieblingstee mit Honig, krame den bunten Schal aus der Schublade und schlinge ihn mir um den Hals.
In diesem Herbst will ich aufräumen. Ich betrachte meine Wohnung, trete einen Schritt zurück. Der Abstand lässt neue Einblicke zu: gemütlich eingerichtet, bequem, fixiert auf Gewohnheiten. Alles hat seinen Platz, nichts wird hin und her geschoben. Festgefahren?
Wenn etwas zerbricht und sein Wert zum Vorschein kommt, verändert sich das Gefüge. Schmerzhafter Verlust, Abschied wieder einmal.
Ich putze die Fenster, wienere sie blank. Mein Blick nach draußen lichtet sich, überrascht, schafft Energie. Das Gedankenkarussell steht für einen Moment still.
Die Kellertreppe quietscht, als ich hinuntergehe. Ich zögere kurz, bevor ich die Tür öffne. Traue ich es mir zu, mir anzusehen, was ich hier abgestellt habe? Hinter Geröll verborgen und vergessen? Einiges muss end-gültig end-sorgt werden! Doch es gibt auch Schätze. Sie überraschen mich. Ich werde sie nach oben holen, wertschätzen.
Heute fällt es mir leicht, auf der wackeligen, schmalen Treppe zum Dachboden hinaufzusteigen. Das Geländer scheint etwas instabil zu sein.
In letzter Zeit bin ich gern hier oben. Ich genieße den Freiraum, nachdem ich den Weg zur Dachluke freigeräumt habe.
Der Blick in die Weite, nicht fixiert auf bestimmte Punkte, nicht behindert oder abgelenkt durch Witterungseinflüsse, lässt mich frei atmen.
Die Klingel an der Haustüre tönt schrill. Ich erinnere mich an einen Treppensturz, kralle mich am Geländer fest, während ich Stu-

fe für Stufe nach unten gehe, begleitet von ungeduldigem Klingeln.
Ich öffne.
Freunde haben mich gefunden!

***

Mein Suchen nach Klarheit, nach der Erkenntnis, Wesentliches von Unwesentlichem zu unterscheiden, wächst. Ob es mir gelingt?
Das heißt aber auch, sich von Dingen zu trennen, bei denen ich feststelle, dass ich sie nicht mehr brauche. Das fällt mir als Nachkriegskind schwer. Geschenkpapier wurde gebügelt und neu verwendet. Aus alten Socken entstanden Puppen, aus alter Wäsche Putztücher. Bei jedem Gegenstand wurde über eine neue Verwendung nachgedacht. Ich ertappe mich dabei, dass sich dieser Gedanke auch heute noch bei mir zeigt: „Das kann man noch gebrauchen."
Einige Sachen waren zu einem bestimmten Zeitpunkt wertvoll für mich. Sie erzählen heitere und traurige Geschichten. Ich nehme die mit Goldrand und Blumen verzierte Sammeltasse in die Hand. Habe ich je daraus getrunken? Sammeltassen gehörten in meiner Kindheit zum Sonntagsgeschirr. Jede Tasse sah anders aus und nach einer gewissen Zeit entstand ein Sammelsurium.
Meine Tasse hatte mir die alte Frau Werner mit einem geheimnisvollen Lächeln vorsichtig übergeben. Ich hatte als Schülerin den Mittwoch-Putz ihrer Etage im Treppenhaus übernommen. 50 Pfennig Lohn waren vereinbart. Dafür hatte ich jede Stufe intensiv gewienert. Doch Frau Werner fand am Zahltag, dass so eine schöne Tasse angemessener sei als 50 Pfennig. Habe ich gelacht, geweint? Ich weiß es nicht mehr, denn ich wollte doch mit dem Geld meine Schulden in der Milchbar abstottern, die sich bei den Treffen mit Freundinnen nach Schulschluss angehäuft hatten.
Der Goldrand ist unbeschädigt, die kleinen Blumen darauf sind etwas verblasst. Mit der Untertasse zusammen stelle ich sie zu meinen Kaffeebechern.
An den *Memory-Schrank* im Arbeitszimmer – voller Vergangenheit mit all den Postkarten, Briefen, Notizen, Unterrichtsausarbeitun-

gen, den Liebesbeweisen meiner Schüler und deren Eltern – traue ich mich noch nicht. Nur das alte abgegriffene Fotoalbum aus dem Familienbesitz, das ich geerbt habe, lege ich auf den Schreibtisch. Blättere darin.

Liebe Marie,
plötzlich bist du mir sehr nahe. Das Foto, auf dem wir beide auf der Wiese mit unseren Puppen sitzen, betrachte ich lange. Wie friedlich wir aussehen, obgleich in der Nacht Fliegeralarm war und in der Nähe, in Kassel, die Bomben fielen.

Hosen, Blusen und Jacken probiere ich an, sortiere aus. Einen sonnengelben Kinderpullover drücke ich an mein Gesicht, wie weich er ist. Er passt mir schon lange nicht mehr.
Mutter war glücklich, als eines Tages ein Fallschirm auf den Fußballplatz stürzte. Von dem Piloten gab es keine Spur. Die Frauen im Dorf teilten die Fallschirmseide auf und nähten daraus Blusen und Kleider. Niemand kümmerte sich darum, dass alle ähnlich aussahen. Kinderkleider und Schuhe wurden ganz selbstverständlich geflickt und vererbt. So konnte es geschehen, dass das jüngere Geschwisterkind selten etwas Neues bekam.
Sonnengelb war deine Lieblingsfarbe. Du sahst immer so hübsch aus und wurdest bewundert. Ich war pummelig und bei mir guckten die Unterhosen unter den Röckchen hervor. Es gibt Beweisfotos.
Als dir das bunte Blumenkleid nicht mehr passte und ich es endlich bekam, wuchs ich ein Stück. Meine Schritte wurden länger, mein Gang eleganter. Später, als wir fast gleich groß waren, wir hatten es Rücken an Rücken getestet, tauschten wir oft unsere Sachen.
Es sind Herbstferien. Ach, liebe Marie, könnten wir doch zusammen Urlaub machen. Am Meer entlanglaufen, den Wind spüren, die Wellen bewundern und miteinander reden!

Dankbar blicke ich zurück, zu den letzten Sommerferien, in denen ich solch einen Spaziergang mit meiner Tochter machen konnte. Ein wunderbares Geschenk der Nähe.

Memory

Schaue ich durch mein Kaleidoskop, begegnen mir Bilder, die heute für mich besondere Bedeutung haben. Wenn ich meine Großmutter besuchte, liebte ich es, auf der Chaiselongue in ihrer Küche zu sitzen und den Gesprächen der Erwachsenen zu lauschen. Ich verstand nicht alles, aber Oma war eine Zauberin, davon war ich überzeugt.
Zu ihr kamen Nachbarn und Nachbarinnen, um sie um Rat zu fragen, weil sie ihre heilenden und tröstenden Kompetenzen schätzten. Sie kamen traurig oder wütend, weinten oder schimpften und gingen meist fröhlicher wieder nach Hause.
„Behandle ältere Menschen so, wie du selbst im Alter behandelt werden willst", sagte sie oft zu Jüngeren. Sie kämpfte gegen Vorurteile und negative Bewertungen, die kognitive, emotionale und körperliche Schwächen Älterer betrafen.
Heute glauben Jüngere oft, Ältere beraten zu müssen, ihnen zu sagen, wie sie ihr Leben gestalten sollten, ohne zu bedenken, welche Ressourcen alte Menschen haben. Es gibt sie nicht, *die* Älteren, *die* Alten, ebenso wenig wie *die* Kinder, *die* Jugendlichen. Wir sollten deshalb nicht mit Pauschalbewertungen auf Menschen schauen. Es sind einzelne Persönlichkeiten, Individuen, mit unterschiedlichen Bedürfnissen, Fähigkeiten, Wünschen und Sehnsüchten und ihren eigenen Erfahrungen und Geschichten.
Manchmal muss ich mich zurückziehen, mich besinnen, sagte Großmutter, wenn sie still dasaß, die Hände im Schoß wie zum Gebet gefaltet, und aus dem Fenster sah.

So geht es mir auch, denke ich. Manchmal muss ich die laute Welt ausschalten, Gedanken ordnen, Befindlichkeiten reflektieren. Die Haut ist dünner geworden, rissig und muss sorgfältig gepflegt werden. Behutsam streiche ich über Vernarbungen.

Hoffentlich gelingt es mir, mich von Gegenständen, von Bereichen, von mir selbst, zu distanzieren, die Zügel auch mal aus der Hand zu geben. Mit dem, das ohnehin nicht zu ändern ist, Frieden zu schließen. Das bedeutet aber nicht, dass ich mich nicht mehr leidenschaftlich in Geschehnisse einmischen will!

Es fällt mir oft schwer, Dinge gehen zu lassen. Mein Engagement gelassener und damit glaubwürdiger zu leben. Ein langer spannender Prozess.

Leuchtende Kristalle, die nicht selbstverständlich sind. Gelassenheit, ein überraschendes Geschenk?

***

Es scheint zu stimmen, dass sich ältere Menschen oft in der Vergangenheit aufhalten. Manchmal nerven biografische Erzählungen. Für den Erzähler haben Erinnerungen einen hohen Wert. Für den Zuhörer sind sie ohne Belang, wenn sie nicht gemeinsam Erlebtes beinhalten oder durch eine bestimmte Fragestellung ausgelöst werden. Das Bedürfnis zu erzählen, der Wunsch nach Kommunikation ist bei vielen älteren Menschen, die allein leben, besonders stark. Oft bleibt nur der Fernseher. Es ist gut, wenn Zuhörer in der Nähe sind, die geduldig ohne Augenrollen Empathie und Verständnis zeigen.

„Ich habe mal wieder das ganze Wochenende kein einziges Wort gesprochen", sagte mit eingerosteter Stimme ein alter Mann und räusperte sich. An der Wursttheke hatte ihn die Verkäuferin gebeten, lauter zu sprechen, weil sie ihn nicht verstand.

Vergangenem einen überhöhten Stellenwert geben? Auf mich trifft das nicht zu, dachte ich. Ich will doch mutig in die Zukunft schauen. Es gibt ein Morgen und vor allem ein Heute. Beim Überwinden beschwerlicher Berge den nächsten Schritt im Blick behalten, in

dem Bewusstsein, dass der heutige Tag wesentlich ist.
Plötzlich überraschen mich Begebenheiten, die wie in einer kostbaren Schatzkiste lange verborgen lagen und nun betrachtet werden wollen. Vertraute Bilder aus der Vergangenheit.
Ich gehe die Landstraße entlang. Linden säumen rechts und links den Schotterweg. Durch das lichte Grün der Blätter und der gelben Blüten, die Großmutter aus dem Küchenfenster heraus für unseren Lindenblütentee pflückte, kommt das Blau des Himmels zu mir.

Liebe Marie,
im alten Haus warst du in jeder Stube. Tante Anneliese hatte eine Schwälmer-Tracht für dich genäht, die so aussah, wie sie erwachsene Frauen zu dieser Zeit im Schwälmer Land, in Nordhessen, trugen. Das Foto der kleinen Schwälmerin hing in einem dekorativen Rahmen im Flur, steckte als kleines Foto vor der Gardine im Küchenschrank, war im Wohnzimmerbuffet zwischen dem blassblauen Sonntags-Kaffeegeschirr in einem Holzständer, auf dem eingraviert und mit Maiglöckchen umrankt IN LIEBE stand.
Es war immer das gleiche Foto. Als Kind verzog ich wütend das Gesicht, kniff die Augen zu, wenn du mich anlächeltest. Ich wollte böse aussehen. Manchmal streckte ich dir die Zunge raus, wenn ich an dir vorbeiging.
Ich erbte diese Bilder. Ich muss sie tief vergraben haben, denn jahrelang sind sie mir nicht begegnet. Jetzt erst kann ich sie zur Hand nehmen und spüre Traurigkeit. In meinem Herzen siehst du anders aus. Da bist du nicht die kleine Schwälmerin, da bist du mit mir gewachsen, mit mir alt geworden.

Schwestern

Liebe Marie,
wann habe ich angefangen mit dir zu reden, dir Briefe zu schreiben? Dabei ist mir doch bewusst, dass du mir nicht antworten kannst. Jetzt, wo ich älter werde, wünsche ich es mir. Manchmal stelle ich mir vor, wir hätten Anteil nehmen können am Leben der anderen. An langen Abenden male ich es mir in bunten Herbstfarben aus: Vielleicht hätten wir uns oft getroffen und wären engagiert ehrenamtlichen Tätigkeiten nachgegangen. Betreuung der Kinder im Krankheitsfall der Eltern, vorlesen, spielen, trösten, Hilfe bei Hausaufgaben oder Besuchsdienste im Krankenhaus als Grüne Damen. Bei diesen Tätigkeiten hätten wir unsere psychischen Kräfte und unsere gemeinsamen Entwicklungschancen kennengelernt. Ein Geben und Nehmen.
Vielleicht hätten wir uns manchmal aus den Augen verloren. Wir hätten gestritten, uns wieder vertragen. Ich hätte dich gesucht, wenn du dich verlaufen hast. Du hättest mir deinen warmen Pullover geschenkt, wenn mir kalt gewesen wäre, und Licht angezündet, weil es dunkel wurde.
Es sind Träume geblieben.
Ich stelle mir deine Familie vor, Marie. Ob du Kinder gehabt hättest, so wie ich? Du wärst bestimmt eine liebevolle Patentante geworden und ich hätte meine Kinder in den Ferien zu dir geschickt, wenn ich dringend verschnaufen musste.

Ich blättere in dem alten Fotoalbum. Kleine Schwarz-Weiß-Fotos mit gezacktem Rand stecken jeweils in vier leicht vergilbten Fotoecken. Das Schutzblatt darüber aus Seidenpapier mit Spinngewebsmuster ist etwas zerknittert. Wie mein Gesicht, wenn ich morgens in den Spiegel schaue.

Ein Foto nehme ich heraus. Da begegnen mir zwei kleine Mädchen, Schwestern. Die eine sieht wie ein Engel im Märchenbuch aus, mit den Locken, die ihr Gesicht umrahmen, und einem vorsichtigen Lächeln, das den Betrachter verzaubert. Die andere, jüngere, noch Babyspeck an Armen und Beinen, schaut mit großen Augen etwas erstaunt in die Weltgeschichte. So waren vor langer Zeit die Kommentare und sind es beim Betrachten der Fotos noch heute.

Die beiden Mädchen spielen mit ihren Puppen, pflücken Butterblumen, Gänseblümchen, probieren Stachelbeeren, laufen barfuß über die Wiese, über die Wäsche, die dort ausgebreitet zum Bleichen liegt. Sie entdecken die Fußabdrücke auf dem weißen Laken und wundern sich, dass Mutter lacht.

Das Bild verschwimmt und heute, nach so vielen Jahren, kämpfe ich mit den Tränen.

Die Bilder in meinem Kopf sind etwas unscharf. Aber ich erkenne die beiden Mädchen, die lachend in dem Leiterwagen sitzen, wie ihn viele Familien 1944/1945 besaßen und beim Hamstern nutzten. Die Kinder haben Pilze, Bucheckern und Brennholz gesammelt. Fast kann ich den vertrauten Geruch des Waldes wahrnehmen. Die mutigste Großmutter der Welt zog den Wagen. Da waren sich die Mädchen einig. Beide Arme hatte Großmutter in den Ameisenhaufen gesteckt, um durch die Ameisensäure ihre Rheumaschmerzen zu lindern. Auf dem Heimweg hockte sie sich zu den Kindern, nahm die Deichsel fest in die Hände. In der Dämmerung ging es mit Tempo den Hügel hinunter, um Angst und Schmerzen zu entfliehen.

***

Heute ist keine Spur von Abendstimmung! Ich schalte das Radio an. Unwetterwarnungen! Die Tanne vor meiner Tür biegt sich fast bis zum Boden. Der Wind wird heftiger. Das angesagte Gewitter scheint aber nicht zu kommen.

Bei Gewitter haben wir uns immer unter der Bettdecke verkrochen.

Marie, du hast mir Zählen beigebracht. Wir zählten die Sekunden zwischen Blitz und Donner. Daraus schlossen wir, wie weit das Gewitter noch entfernt war, eine der vielen Bauernregeln.
Es klappert im ganzen Haus. Der Regen prasselt gegen mein Fenster.
Ich muss die Rollläden schließen.

Trost durch Märchen

Liebe Marie,
im Krankenhaus, in den schlaflosen Nächten, habe ich an dich gedacht. Vielleicht hättest du mir ein Märchen erzählt, weil wir doch an der Märchenstraße der Gebrüder Grimm geboren wurden. Mutter erzählte uns Märchen, wenn wir krank waren, Fieber hatten und Halsschmerzen. Sie wusste um die heilsame Wirkung von Märchen. Welche Sehnsüchte und Ängste mag sie auf diese Weise auch für sich selbst bearbeitet haben? Und wieder denke ich, dass ich es versäumt habe, sie so vieles zu fragen.
Schneeweißchen und Rosenrot, unser Lieblingsmärchen, erzählte sie uns an einem eiskalten Winterabend, als die Fensterscheiben mit Eiskristallen zugefroren waren. Es kommt mir heute so vor, als wäre es in einer völlig anderen, lange vergangenen Zeit gewesen. Aber es ist meine Lebenszeit.
Schneeweißchen und Rosenrot, beide gleich schön, behütet von einem Schutzengel, werden erwachsen in einer Welt, die keine Angst mehr kennt. Welcher Trost im Jahr 1943, in der Nähe von Kassel, der Stadt, die heftig bombardiert wurde.

Marie, vielleicht ahnten wir, wie die Schwestern im Märchen, dass wir durch Mutters Fürsorge lernen konnten, zwischen Gut und Böse zu unterscheiden und mutig an unseren eigenen Weg zu glauben. Tief in mir liegt Mutters Stimme voll Liebe und Hoffnung.
Wir rückten nah an den Herd, um uns zu wärmen. Der Backstein, der später das Bett warm machen sollte, lag schon im Backofen. Wir spielten das Märchen. Als Schneeweißchen bekamst du am Schluss den Königssohn. Er trug einen Matrosenanzug und eine Krone aus Zeitungspapier. Für mich blieb der Bruder übrig. Es war die Puppe, die ich Paul nannte. Paul hatte nur einen Arm und einen leeren Ärmel. Er sah so traurig aus wie Beckers Knecht, der auch mit dem Soldaten-Zug angekommen war, aber nicht wie die anderen Soldaten auf dem kleinen Bahnhof abgeholt wurde. Niemand wartete auf ihn. Er lief langsam, hinkte durchs Dorf. Er tat mir leid, gleichzeitig liebte ich ihn.

Die Großeltern, die Kindern Märchen erzählen, gibt es heute nicht mehr, wird behauptet. Aber es gibt sie doch!
Nicht nur dann, wenn Großeltern selbst mit Märchen aufgewachsen sind. Es ist einen Versuch wert zu erzählen, denn Kinder lieben und brauchen Märchen. Die Märchenforschung bestätigt es. Dazu kommt die Nähe, der Blickkontakt zum Erzähler, das hat in unserer digitalisierten Welt oft sogar Vorrang vor allen technischen Geräten, vor allem auch deshalb, weil das Handy dann eine untergeordnete Rolle bekommt.
Das Lieblingsmärchen meiner Enkelkinder war „Die Bremer Stadtmusikanten“. Manchmal spielten sie es in wechselnden Rollen nach und erzählten dabei einiges über sich selbst.

In der Dorfkirche

Liebe Marie,
ich erinnere mich an unser kleines Dorf in der Schwalm, wie ich es vor vielen Jahren erlebte. Heute hat es ein neues, für mich fremdes Gesicht. Vielleicht gaukeln mir meine emotionalen Erinnerungen ein unrealistisches Bild vor. Viele Rituale gab es damals, die das Dorfleben strukturierten.
Feste und Feiern im Jahreskreis hatten bestimmte Abläufe, die sich kaum veränderten. Die Gestaltung der Blumenkästen auf Fensterbänken, der Grabschmuck im Frühling, alles hatte eine bestimmte Form.
Marie, wie aufgeregt waren wir, wenn wir mit den Erwachsenen zum Gottesdienst in die Kirche gehen durften. Beim ersten Läuten der Kirchenglocken entstand eine besondere Atmosphäre. Die Erwachsenen nahmen mit ernsten Gesichtern ihre Bibeln, in Leder gebunden mit einem Messingschloss, in den Arm. Beim zweiten Läuten gingen wir los, um beim dritten Läuten auf unserem Platz zu sitzen. Oma trug die Sonntagstracht der Bäuerinnen, zwei schwere Leinenröcke übereinander, eine Kappe auf dem Kopf. Zwischen Oma und Mutter saßen wir auf der harten Kirchenbank und trauten uns nicht, uns zu bewegen. Omas dicke, ausladende Röcke kratzten schrecklich in meinem Gesicht. Aber ich fühlte mich geborgen wie selten in meiner Kindheit. Ein Kirchenlied hast du mitgesungen. Die Leute drehten sich zu dir um, weil du so eine schöne, glockenhelle Stimme hattest, sagten sie.
Marie, ich schließe die Augen und stelle mir vor, wie zwei kleine Mädchen sich an den Händen fassen und durch die kleine romanische Dorfkirche laufen.
Es riecht dort immer nach Weihnachten.
Auch im Sommer.

Begegnungen zwischen Jung und Alt

Ein freier Platz auf der Parkbank

Endlich eine Bank, denke ich erleichtert, als ich den kleinen Hügel langsam hinaufkraxele. Zwei Jungen, vielleicht 15 oder 16 Jahre alt, hocken dort. Ich zögere einen Augenblick, aber der freie Platz neben ihnen scheint mir zum Ausruhen hilfreich zu sein. Wie überrascht bin ich, als mich die beiden freundlich grüßen, ihre Fahrräder zur Seite schieben, damit ich mich problemloser hinsetzen kann.
Ich schäme mich insgeheim über den kleinen Film voller Vorurteile, der in meinem Kopf abgelaufen ist. Provozierendes Lachen, eine abschätzige Bemerkung oder Ähnliches hatte ich befürchtet.
Es sind Sommerferien. Stinklangweilige Ferien, meinen die beiden Jungen.
„Sonst sind wir immer in Urlaub gefahren", erzählt der eine.
„Aber seit meine Mutter weg ist, geht gar nichts mehr!"
„Ich hab mich standhaft geweigert, in diesem Jahr wieder zu meiner Tante zu fahren, weil meine Eltern wieder mal keinen Urlaub bekommen haben", meint der andere.

Sommerferien in meiner Schulzeit, Marie, als du nicht mehr da warst und ich Oma besuchte!

Ich schmecke etwas Süßes, rieche den Sommer. Wärme, freie Zeit ... ich laufe über klitschnasse Wiesen am Morgen, pflücke Sauerampfer und kaue darauf. Ich finde Champignons, Mutter lächelt, als ich sie ihr bringe. Schwimmen lernen in der Lahn. Seepferdchen, diese Schwimmprüfung gab es nicht! Man galt als Schwimmer oder Schwimmerin, wenn man die Lahn an einer bestimmten Stelle überqueren konnte! Ich hatte mein Können überschätzt, schluckte Wasser, ging fast unter und wurde gerettet ...

Plötzlich kommt ein dritter Junge angeradelt. Die drei klatschen die Hände ab.
Ich rutsche automatisch an das Ende der Bank, um Platz zu schaffen. Doch Ben, so nennen ihn die beiden, lacht, bedankt sich und schwingt sich auf die Rückenlehne.
Die Jungen diskutieren, wie sie ihren Nachmittag gestalten wollen. Rumhängen bei Paul, weil seine Eltern nicht da sind? Mit den Rädern herumfahren? Alle Vorschläge werden verworfen.
Wir schauen auf den See, der gegenüber in der Sonne liegt, wie auf einer Ansichtskarte, glatt, bewegungslos. Er lädt an diesem besonders heißen Tag zum Schwimmen ein.
Für und Wider wird erörtert. Ben meint, dass sie zur kleinen Insel schwimmen könnten. Es entsteht ein heftiger Disput, da die beiden anderen der Ansicht sind, dass es dort gar keine Insel gibt.
Nach einer Pause interessieren sich die Jungen für mich.
„Sind Sie hier im Urlaub?“, fragt Emil und empfiehlt mir einige Sehenswürdigkeiten, die für ältere Menschen gut erreichbar sind.
Paul erzählt von seinen Großeltern, die von dem schönen Ausblick oben auf dem Berg schwärmen und von dem guten Kaffee.
Plötzlich fragt Ben: „Was machen Sie, wenn Sie Langeweile haben?“
Ich denke einen Moment nach. Langeweile? Was bedeutete für mich Langeweile, überlegte ich. Lange Weile heißt für mich nachdenken, innere Fragen hören, auf Antworten gelassen warten. Hat Langeweile im Alter mit Einsamkeit zu tun? Fehlt mir in solchen Situationen der Partner, aber nicht die Aktion? Ich versuche es den Jungen zu erklären. Sie hörten aufmerksam zu.
„Wenn ich mich langweile, überlege ich, welchen Freund ich anrufen kann, um mit ihm zusammen etwas zu unternehmen“, sagt Ben dann.
Paul räuspert sich. „Mein Handy ist mein Langeweile-Killer!“
Es entsteht ein Gespräch, geprägt von Akzeptanz, Achtung und Empathie. Ich staune, was mit diesen mir fremden Jungen mög-

lich ist. Sie fragen nach meinem Alter und erörtern Aussehen und Verhaltensweisen älterer Menschen. Ihre Kenntnisse scheinen sich ausschließlich auf ihre Großeltern zu beziehen, die ich auf diese Art etwas kennenlerne.
„Meinen Opa erkenne ich am Geruch!“, sagt Paul und sie kichern.
„Meine Oma ist eine Besserwisserin, sie meckert an mir herum.“
Emil springt auf und führt einen Sketch auf, mit beeindruckender Mimik, Gestik und Stimme: „Emil, Emil! Du musst in der Schule besser aufpassen! Dich konzentrieren und nicht immer nur auf dein Handy gucken und „rumdaddeln“. Was soll aus dir einmal werden!“
Die drei prusten vor Lachen und ich lache mit und denke an meine zehnjährige Urenkelin. Als ich sie einmal gefragt habe, was Erwachsene von Kindern lernen können, antwortete sie, ohne zu zögern: lachen! Wie recht sie hat!
Für mich ist es sehr aufschlussreich zu erfahren, wie junge Menschen ältere wahrnehmen und wo sie auf ältere Menschen treffen: bei Fahrten in öffentlichen Verkehrsmitteln. Dabei fühlten sich die Jungen oft beobachtet, als warte man darauf, dass sie etwas Verbotenes tun würden, erzählten sie mir. Keiner redete mit ihnen!
Schließlich verabschieden wir uns.
„Schönen Urlaub!“, riefen sie mir zum Abschied zu.
Ich wünsche den drei Jungen, dass sie weiter nach ihrer Insel suchen und jeder von ihnen seine Insel findet.

***

Wie wenig wissen wir von den Ängsten und Sehnsüchten und Bedürfnissen der jungen Menschen, geht es mir nach diesem Gespräch durch den Kopf. Können wir Älteren immer Rücksichtnahme von den Jüngeren erwarten, wenn sie zum Beispiel auf ihren Rollern an uns vorbeirasen, wir zur Seite springen müssen, um sie durchzulassen?
„Die Kinder heute sind rücksichtslos“, meinte zu dieser Thematik eine Freundin und empörte sich. Sollten wir nicht auch Verständ-

nis entwickeln für ihre überschwängliche Lebensfreude, für ihr Lebenstempo? Die gegenseitigen Erwartungen müssen kollidieren, wenn man sie nicht kennt. Wer hat Vorfahrt, der Rollator oder der Buggy mit dem Kleinkind? Und wie kommen Alt und Jung ins Gespräch?

Zwei meiner kleinen Enkelinnen hatten dazu eine Idee: In ihrer Siedlung wurde ein sehr großes Haus gebaut, das durch Bauweise und Dimension auffiel und zu einigen Spekulationen in der Nachbarschaft führte. Die beiden Mädchen beschlossen eines Tages diese *Villa* zu besichtigen und klingelten dort. Als nach mehrmaligem Klingeln endlich geöffnet wurde und sie ihren Wunsch nannten, wurden sie empört weggeschickt.

Vielleicht brauchen wir ein Gastgeschenk, überlegten sie und pflückten einen wunderschönen Wiesenblumenstrauß. Sie versuchten es erneut, leider wurde ihnen nicht geöffnet. Es stimmt, was die Leute über die Villa erzählen, meinten sie – und schenkten die Blumen ihrer Mama.

Großeltern und Enkelkinder

Farbige Bilder entstehen in meinem Kopf, wenn ich Großeltern betrachte und die lange Liste ihrer Pluspunkte. Jeder Blickwinkel beeindruckt durch Vielfalt.

Auf dem Schulhof einer Grundschule flatterte mir ein Zettel entgegen. Mit Herzchen und Blumenranken verziert, stand in Schönschrift, in Großbuchstaben, neben lustigen Strichmännchen: *Für den besten Opa der Welt!*

Hoffentlich gibt es ein Duplikat, dachte ich, damit der beste Opa der Welt erfährt, wie sehr er geliebt wird!

Wenn Großeltern in der Nähe wohnen, nicht mehr berufstätig sind, entsteht oft eine Win-win-Situation. Das haben auch Ältere erkannt, die keine eigenen Enkelkinder haben und sich als Leih-Großeltern betätigen.
„Neben der praktischen Versorgung vor und nach der Schule und Kita erhalten Enkelkinder ja auch emotionale Zuwendung. Manchmal auch finanzielle Hilfen, wenn das Taschengeld mal wieder nicht reicht", sagt die eine Oma zur anderen.
„Und Zeit! Oft bieten wir Ankerplätze, wenn Krisen in der Familie entstehen", bestätigt die andere. „Wie gerade bei uns, nachdem meine Schwiegertochter ausgezogen ist."
„Ich liebe es, mit den kleinen Enkelkindern zu spielen. Unsere großen fordern uns heraus! Hilfst du mir beim Referat über Einstein?, fragte mich mein Enkel. Ich hab schnell im Internet nachgelesen", verrät sie ihrer Freundin.
„Da habe ich mehr Probleme! Ich muss bei Matheaufgaben ziemlich lange im Gedächtnis kramen, um Formeln wiederzubeleben. Ich war stolz, als es mir gelang!"
Nun bin ich selbst Großmutter und Urgroßmutter.
Ich freue mich besonders, dass ich am Leben meiner Enkelkinder teilnehmen kann, an ihren Gedanken, an ihrem Befinden, an ihren Sorgen. Die Kleinen aufwachsen zu sehen, mit den Großen einen Gedankenaustausch zu führen, ihre Lebensfreude zu erleben, das sind für mich besondere Stunden. Lebens-Mittel, die Mut machen.
Ich möchte nicht als „Geschenkelieferantin" wahrgenommen werden. Ich will auch nicht am Wettlauf mit den anderen Großeltern teilnehmen oder in Konkurrenz zu ihnen treten, denn es kann nicht genug Menschen geben, die Kinder lieben!
Manchmal wissen wir Erwachsenen nicht, wie wir Zuwendung und Zuneigung, unsere Liebe in dieser übersatten Gesellschaft leben können.
Mit Spielzeug überladene Kinderzimmer begegnen uns. Zahllose Kuscheltiere im Kinderbettchen, sodass man sich fragt, wo der

Platz für das Kind ist. Gibt es bei der Vielfalt noch den geliebten alten Teddy, die Lieblingspuppe? Wie sehen die Tröster und die Vertrauten für die kleinen Geheimnisse heute aus? Babyzubehör in vielen Variationen, Regale voller Spiele, aber dazwischen ein Kind, das mit dem Verpackungsmaterial spielt und bastelt, lässt hoffen, dass Kreativität und der Blick für kleine Dinge erhalten bleibt.

Liebe Marie,
manchmal erinnere ich mich an das Kind, das ich einmal war, mit allen Sehnsüchten, Wünschen und Träumen. Funkelnde Steine meines Kaleidoskops überraschen mich bei der Erinnerung an Ferien bei Oma. Wenn wir auf der Gartenbank saßen, Kartoffeln schälten, Gemüse putzten und Oma die immer gleichen Geschichten erzählte, die ich so liebte, dann war meine Welt in Ordnung. Ich trauerte mit der Geißenmutter, die nach Hause kam und ihre Kinder vermisste. Weil ich das kleinste Geißlein im Uhrenkasten war, rief ich: „Hier bin ich!" Und Oma drückte mich an ihre Brust. Vergessen all die Probleme, die ich in meinem kleinen Rucksack mit mir herumschleppte. Oma hatte Zeit für mich und nahm meine Fragen ernst.

Wer einmal mit jüngeren, aber auch älteren Kindern kocht oder backt, erfährt schnell, dass man damit nach wie vor Chancen hat, zeitweilig gegen digitale Angebote zu gewinnen! Dabei können natürlich neue Rezepte auch aus dem Internet geholt werden. Bei unserem Oma-Freundinnentreff tauschen wir manchmal Enkelkindergeschichten aus.
„Erzähl mal von früher", fordern uns die Kinder gelegentlich auf. Wir wollen ihnen aber nicht nur von den schrecklichen Kriegsereignissen berichten, sondern auch von der Warmherzigkeit, der Geborgenheit, der Langsamkeit der damaligen Zeit erzählen, da-

mit dies nicht mit uns, den Zeitzeugen verschwindet. Nachfolgende Generationen könnten vielleicht glauben, dass es nicht gelebtes Leben war, sondern nur in alten Geschichten und Filmen vorkam.
Großeltern müssen vieles lernen! Da sind wir uns einig. Eine Rolle als Besserwisserin will ich nicht einnehmen. Aber das gelingt mir nicht immer. Der Erfahrungsaustausch unter Großeltern, die Rolle positiv zu füllen, kann helfen. Ich musste begreifen, dass Nähe und Distanz zu einer guten Beziehung gehören und sich mit dem Alter der Kinder verändern.
Mal ist man die beste Oma, der beste Opa der Welt, aber dann muss man vielleicht mit der neuen Lehrerin, später mit dem Freund, der Freundin, die Liebe, Zuneigung und Freizeit teilen. Oft können wir nur aus der Entfernung oder durch unterschiedliche digitale Medien am Leben der Enkelkinder teilnehmen. Die Handhabung haben sie uns meist geduldig beigebracht. Ansichtskarten aus dem Urlaub sind etwas Besonderes.
Manchmal müssen wir warten, bis die Fragen der Kinder eine Antwort wollen. Einige ihrer Fragen können erst einmal unbeantwortet bleiben, weil sie selbst nach der Antwort suchen, doch beim Nachdenken nicht allein sein wollen. In unserer Doppelrolle als Eltern und Großeltern müssen wir unseren Kindern zutrauen, ihre Antworten auf das Leben selbst zu finden. Ich habe mir vorgenommen, auch in schwierigen Situationen daran zu denken.
Mit der Gewissheit, dass die Jungen ihre Verantwortung wahrnehmen und tragen können, völlig anders als wir es als Ältere kennen, werden wir sehr oft überrascht, wie sie es meistern.

***

Wes das Herz voll ist, des geht der Mund über, heißt es in einem Sprichwort.
Wenn aber die glücklichen Großeltern immer nur ein Gesprächsthema haben, *ihr Enkelkind,* dann ziehen sich die Kinderlosen schnell genervt, manchmal auch neidisch zurück.

Ein kleines Kind, neugeboren, im Arm zu halten, ist ein wundervoller geschenkter Augenblick. Angerührt von diesem Wunder, spürt man etwas von der Weisheit, die so ein kleiner Mensch, oft mit dem Gesicht eines Greises, in sich birgt. Davon zu erzählen, drängt sich auf.
Es rührt mich aber auch, wenn Gisela von ihrem kleinen Mischlingshund erzählt, der zu ihrem Lebensmittelpunkt wurde, dankbar für die Treue und Liebe, die sie durch dieses Lebewesen erfährt. Ich höre dem Gartenfreund zu, der immer wieder vom Wunder seiner Pflanzen berichtet, wie sie sich aus einem Samenkorn entwickelt haben.
Männer und Frauen erzählen von ihrem reichen Leben ohne Kinder und Enkelkinder, in dem sie glücklich leben und nichts vermissen. In Berufen, die vielleicht sogar unsere Welt verändern, setzen sie ihre Kräfte ein, die in unserer Gesellschaft so dringend gebraucht werden. Ist unser Leben nicht ein reichhaltiges Puzzle, in dem jedes Teilchen seinen Platz hat, um zu einem großen Ganzen zu werden? Oft gelingt es erst im Alter, die Vielfalt der menschlichen Bedürfnisse und Erfahrungen wertzuschätzen.

Liebe Marie,
die Begeisterung über meine Enkelkinder würde ich gern mit dir teilen.
Ich möchte dir erzählen, wie viel Liebe ich durch sie erfahre, wie stolz ich auf sie bin, wie sie ihr Leben in die Hand nehmen und verantwortungsvoll gestalten.

Die Großeltern meiner Kinder wohnten damals weit weg, sodass sie mir als berufstätiger Mutter bei der Versorgung der Kinder nicht helfen konnten. Wenn neben dem Windpocken-Kind ein zweites Kind einen Fahrradunfall hatte und ins Krankenhaus musste, das Auto nicht ansprang und noch ein wichtiger beruflicher Termin anstand, hieß es Nerven bewahren!

Wie glücklich war ich, ein Netz von Freundinnen zu haben, die ganz selbstverständlich halfen! Einige waren zu der Zeit nicht berufstätig oder in Teilzeit beschäftigt.
Wir hielten den Kontakt zueinander, freundschaftlich, intensiv und liebevoll über viele Jahre. Kitas hatten oft sehr familienunfreundliche Öffnungszeiten und Ganztagsschulen gab es nicht. Arbeitgeber, vor allem die der Männer, distanzierten sich von diesen Problemen.
Verzweifelt musste ich oft über Nacht Lösungen finden, wenn zum Beispiel ein fieberndes Kind versorgt werden musste oder uns eine der Kinderkrankheiten überraschte.
Wir Frauen halfen uns bei der Kinderbetreuung gegenseitig. So war vieles möglich. Später, als die Kinder nicht mehr ständig Aufsicht benötigten, ermahnten mich Freundinnen, fürsorglich auch mit mir selbst umzugehen. Diese Erfahrungen sind für mich sehr wertvoll. Jetzt erkenne ich, dass alte Freundschaften erstaunlich belastbar sind. Nach langen Trennungen lässt sich oft schnell wieder Nähe herstellen. Ein gutes Mittel gegen Einsamkeit im Alter! Wie kostbar sind gemeinsame Erinnerungen: „Weißt du noch?" Eine wunderbare Ebene.

Zusammen wachsen

Mein innerer Schweinehund hatte mich mal wieder tagelang vom Laufen abgehalten. Das machte sich jetzt bemerkbar. Ich blieb stehen, schnappte nach Luft und schwor Besserung, als ein Fußball vor meinen Füßen landete. Martin kam strahlend und verschwitzt im Fußballdress angerannt.
Er hatte nach Phasen der Einsamkeit und depressiver Verstimmungen verstanden, dass er nicht nur darauf warten konnte, dass jemand auf ihn zukam, sondern dass er selbst aktiv werden musste, berich-

tete er. So hatte er Kontakt zu einem alten Schulfreund aufgenommen, tauschte mit ihm Erinnerungen aus, spielte mit ihm Schach und traf sich zum gemeinsamen Fußballschauen vorm Fernseher. „Ich bin jetzt Fußballtrainer, manchmal Schiedsrichter, oft sogar Streitschlichter!“ Martin titschte kraftvoll den Ball auf und erzählte begeistert von dem Fußballspiel mit den Jungen und Mädchen, mit denen er sich nun regelmäßig traf.
Er freute sich auf die Sommerferien, da dann seine Spieler und Spielerinnen noch mehr Zeit zum Trainieren hatten. Martin plante, Spiele mit anderen Gruppen zu organisieren, vielleicht sogar eine generationenübergreifende Mannschaft zu gründen.
Es war zu spüren, wie glücklich er war, endlich machen zu können, was er wollte, und nicht mehr fremdbestimmt zu leben.
„Meine Beine sind immer noch nicht in Rente!“, sagte er, grinste und schoss mir den Ball zu.
Seine Freude und gute Laune gingen auf mich über und wir zwei Alten lachten übermütig und „spielten Fußball“.
„Mein Leben hat wieder einen Sinn! Ich lerne junge Menschen kennen, zu denen ich bisher keinen Bezug hatte. Ihre Welt ist mir fremd, unverständlich. Ich verstehe ihre Vokabeln nicht. Meine Spieler helfen mir bei den Übersetzungen. Es ist wunderbar, weil ich zwar ein Opa bin, aber leider kein Großvater.“
Ich freute mich mit Martin und erzählte von der Begegnung mit den Schülern, wie sehr mich ihre Offenheit, ihr Interesse an älteren Menschen beeindruckt hatte.
„Es ist gut, dass wir Alten nicht nur über die Medien mit vielen Klischees behaftet wahrgenommen werden“, sagte ich. „Vielleicht sollten wir Begegnungen mit den Jungen bewusster gestalten!“
„Fußball spielen!“ Martin grinste. „Spielregeln haben für alle Gültigkeit. Fairness und Respekt lassen sich üben. Ebenso Frustrationstoleranz!“
Martin berichtete von einigen Kindern, die große Schwierigkeiten hatten, ihre Gefühle zu steuern, aggressiv wurden, wenn sie verloren.

„Verlieren kann ich auch nicht gut", sagte ich und Martin lachte. „Außerdem zweifeln wir oft an unseren Fähigkeiten, trauen uns vieles nicht zu."
„Die Jungen können uns anspornen, einfach mal etwas Neues auszuprobieren", sagte Martin.

***

Zusammen wachsen? Ob es gelingen wird, uns mit jungen Menschen zu verbünden und nachhaltig mit Ressourcen unserer Welt umzugehen? Ohne Kosten-Nutzen-Rechnung?
Mit dieser Frage beschäftigten wir uns wieder einmal, als Martin und ich in Hinrichs Garten saßen. Wenn wir mehr voneinander wissen, von den Hoffnungen, Sehnsüchten und Fragen an das Leben, dachte ich, dann besteht die Chance auf mehr Lebensqualität, nicht nur im Alter.
„Wir müssen uns vernetzen", sagte Hinrich. „Gewohnte Grenzen der Verständigung überschreiten und gemeinsam, zum Beispiel gegen Rassismus und Menschenfeindlichkeit und gegen die Zerstörung unserer Welt kämpfen!"
Ich bewunderte diesen alten Mann, der nicht müde wurde, sich engagiert einzusetzen. Er bedauerte, dass er nicht mehr an Demonstrationen teilnehmen konnte, aber gesellschaftliche, humanistische Fragen, bei jeder Gelegenheit, leidenschaftlich diskutierte.
„Wir sollten den Jungen sagen, dass wir wie sie gezwungen sind, neuen Anforderungen in dieser Leistungsgesellschaft gerecht zu werden, dass wir uns flexibel auf Veränderungen einstellen müssen."
Hinrich verfolgte interessiert die Initiative *Fridays for Future*, die die schwedische Schülerin Greta Thunberg startete, um auf die notwendigen Klimaziele deutlich hinzuweisen. So entstand das länderübergreifende Schneeballsystem, das hunderttausend Jugendliche auf die Straßen brachte, weil sie um unseren Planeten fürchten, um ihre Zukunft!
Heftig schreien Jugendliche, uns, der älteren Generation, unsere Versäumnisse entgegen. Ich hoffe sehr, dass wir aufgerüttelt blei-

ben, aber nicht „Schwarzer Peter“ gespielt wird, sodass ein Generationenkonflikt mit Schuldzuweisungen diese gemeinsame Zukunftsaufgabe verhindert oder verzögert!
Erwachsene aller Altersgruppen müssen diese ernsthaften Aktionen der Jugendlichen unterstützen und denen etwas entgegensetzen, die die jungen Menschen belächeln oder ihr Engagement sogar verspotten. Die Jugendlichen erreichen mit ihren Protesten, dass die Umweltzerstörung und die Rettung unseres Planeten wieder in den Fokus der politischen Betrachtungen geraten! Wir Älteren sollten den jungen Menschen danken, dass sie diese Bewegung begonnen haben. Hoffentlich breitet sie sich zur Weltklimabewegung aus, um immer wieder Druck auf Politik und Wirtschaft auszuüben und uns unsere Verantwortung stets bewusst zu machen.
„Hier liegt zum Beispiel die Chance, sich gemeinsam dieser beängstigenden Klimakrise zu stellen, zu verstehen, nachhaltig unser Leben zu gestalten!“, sagte Hinrich.
„Wir Alten können nicht einverstanden sein mit dem, was um uns herum geschieht, sondern wir müssen zur möglichen Besserung unseren aktiven Beitrag leisten! Wir wollen doch in einer Welt leben, in der man sich nicht vor dem Morgen fürchten muss!“
„Die Jungen verfügen über Kompetenzen, die uns Älteren fehlen oder die wir verloren haben“, meinte Martin. „Im Bereich der Digitalisierung können wir Wesentliches beitragen, sagen sie mit Recht. Warum werden wir nicht in politische Entscheidungen häufiger einbezogen?“
Ja, dachte ich und erinnerte mich an Gespräche mit meinen Enkeln und Studenten, die ich kennengelernt hatte.
Ihre Ideen und Ressourcen, Probleme zu bearbeiten und Lösungen zu finden, sollten wir nutzen. Die unbeschwerte Leichtigkeit und Offenheit junger Menschen tut uns gut und ihnen hilft vielleicht ein gelassener Blick, aufgrund unserer Lebenserfahrung.
Mein Traum ist es, dass wir gemeinsam Altes bewahren, aber Neu-

es entdecken und zulassen! Ich hoffe, dass wir nicht aufhören nach Räumen zu suchen, uns mit Respekt zu begegnen. Vielleicht können wir dabei die Kraft und den Reichtum der Kunst, der Musik, der Literatur erkennen, uns überraschen und berühren lassen, im Trubel der Alltäglichkeiten.
Wenn wir Älteren nicht alles besser wissen wollen als die Jungen, sondern den Austausch mit ihnen suchen, wenn wir sie akzeptieren wie unsere Altersgenossen, dann werden sie, so hoffe ich, sich auch für uns interessieren und uns nicht als „Gestrige“ abhaken.
Was machen Sie, wenn Sie Langeweile haben, fragten mich die Jungen. Es klang sehr ehrlich.

Besuch der alten Dame

Leuchtende Farbenspiele, faszinierende Bildkompositionen von großer Tiefe, zeigen sich heute in meinem Kaleidoskop.
Auf einen Regenschirm gestützt kam mir die alte Dame entgegen. Ihren weinroten Hut hatte sie mit einer auffallenden Hutnadel und einer funkelnden Perle im dicken grauen Haar festgesteckt. Der leichte Wollmantel, in zartem Rotton, ergänzt mit passendem Seidenschal, betonte ihr harmonisches Erscheinungsbild. Die alte Dame blieb vor mir stehen und lachte mich an. Mit meinem Namen und einem fröhlichen „Hallo“ begrüßte sie mich. Wir hatten uns viele Jahre nicht gesehen.
Ich erkannte meine ehemalige Nachbarin. Aber ihr Name fiel mir nicht ein.
Frau Schuster war es. Sie freute sich sehr, mich zu treffen, und erzählte, dass sie immer noch in der gleichen Wohnung lebte, während ich ja leider schon vor Jahren weggezogen sei. Sehr

schätzte sie die gute Hausgemeinschaft und die verlässliche Hilfsbereitschaft, dadurch war es für sie als Neunzigjährige möglich, in ihrer Wohnung zu bleiben. Ihre Einladung zum Kaffee nahm ich gern an.

***

Einige Tage später stand ich vor Frau Schusters Haus. Es war einer der ersten warmen Tage in diesem Frühling. Da geschah etwas, womit ich nicht gerechnet hatte. Die Erinnerung an eine längst vergangene Zeit überfiel mich. Ich schaute zur gegenüberliegenden Straßenseite. Das moderne Haus mit dem großzügigen Eingangsbereich verschwand vor meinen Augen. Es machte Platz für das kleine alte Haus mit den grünen Fensterläden, in dem Opa Weinrich gewohnt hatte. In seinem Garten wuchs die hohe Tanne, die früher einmal ein Weihnachtsbaum gewesen war.
Der Gartenzwerg mit Pfeife im Mund und einer schwarzen Kappe auf dem Kopf stand unter der Tanne, neben der üppig blühenden Azalee. Der Zwerg war Opa Weinrich nachgebildet worden. Der alte Mann hatte ihn zu seinem Geburtstag bekommen. Es war sein Heiligtum. Aber was machte der kleine blonde Junge dort? Er holte den Zwerg, lud ihn in die Karre seines Kettcars, deckte ihn mit seiner Jacke zu, sah sich prüfend um und raste davon.
In der Abenddämmerung, mit Herzklopfen brachte seine Mutter den Zwerg zurück, um neue Probleme mit diesem Nachbarn zu verhindern, hatte der Junge doch mit seinem Bruder zusammen am Tag vorher Opa Weinrichs Hühner aus dem Hühnerhaus befreit.
Zum Glück konnten die Hühner auf der Hauptverkehrsstraße unbeschädigt eingefangen werden.
Ich rieb mir die Augen. Die Tanne war verschwunden. In dem neuen Mehrfamilienhaus auf der anderen Seite, mit steinernem Vorgarten ohne Pflanzen, ohne Hühnerhaus, wohnten andere Menschen. Opa Weinrich lebte schon lange nicht mehr.

***

Zwischen all den Namen in verschiedenen Sprachen fand ich Frau Schusters Klingel.
Es dauerte eine Weile, bis die Haustür geöffnet wurde. Hatte ich gerade die Glocke des Milchmanns gehört, der täglich mit seinem Lieferwagen vorfuhr und bei dem ich in seinem fahrenden Miniladen frische Milch in meine Blechkanne füllen ließ?
Viele Autos rasten vorbei. Hier war keine Spielstraße mehr, auf der sich die Kinder trafen, und wenn die Straßenlaternen angingen, nach Hause eilten.
„Hannah, die nette Studentin aus der WG oben im Dachgeschoss, hat mir geholfen“, erzählte Frau Schuster, während sie einen Marmorkuchen auf den Tisch stellte. Der Duft des Kaffees, den sie ganz altmodisch, wie sie lachend sagte, aufgebrüht hatte, vermischte sich mit vielen Erinnerungen.
„Meine Wohnung ist für mich alte Frau nun zu groß. Aber eine neue, kleinere wäre viel teurer als diese. Meine Studenten freuen sich, wenn ich manchmal unser ehemaliges Kinderzimmer als Gästezimmer für sie zur Verfügung stelle.“
Frau Schuster berichtete begeistert von der griechischen Familie aus der zweiten Etage. Dort wurde sie als Blumengießerin in der Urlaubszeit engagiert.
Im Haus nahm sie fast täglich Postpakete an, kannte die unterschiedlichen Postboten und hielt mit ihnen gern ein Schwätzchen.
„Manchmal sieht meine Wohnung wie eine Poststation aus“, sagte sie lachend. Sie koordinierte immer noch Termine im Waschkeller und schien nach wie vor die gute Seele im Haus zu sein.
„Das Leben der Familien hat sich im Laufe der Jahre sehr verändert. Es ist alles hektischer geworden. Vielleicht kommt es mir aber auch nur so vor. Zeit hat niemand. Morgens fahren alle zur Arbeit, die Kinder gehen zur Schule, die Kleinen werden in die Kitas gebracht und am Wochenende macht jeder, was ihm gefällt!“
Frau Schuster schob mir den Kuchenteller hin.
„Der Kuchen schmeckt gut!“, sagte sie aufmunternd.

„Oft ist es sehr still hier. Dann fühle ich mich einsam, singe laut oder höre Musik. Ich freue mich, wenn alle wieder nach Hause kommen, wenn Türen schlagen und Stimmen durch das Treppenhaus schallen. Die Kleine von der türkischen Familie, die über mir wohnt, ist die Jüngste im Haus. Sie sorgt für Lebendigkeit, wenn sie lacht oder schreit. Oskar aus der Studenten-WG ist zum Glück oft zu Hause. Manchmal klingelt er und fragt, ob ich etwas brauche. Ich freue mich, wenn er mich in ein Gespräch verwickelt und meine Meinung über aktuelle Fragen diskutieren will, zum Beispiel zur Mülltrennung oder wie man den Verbrauch von Plastik reduzieren kann."
Als ich mich verabschiedete, kam Oskar und gab Frau Schuster die Medikamente, die er für sie aus der Apotheke geholt hatte. Ich erzählte ihm, dass im Dachgeschoss einmal eine gute Freundin von mir gewohnt hatte. Sehr herzlich lud er mich ein. Die Tür zur WG sei immer offen.

Studenten-WG

Am nächsten Tag gehe ich an der Wohnungstür von Frau Schuster vorbei, um ihren Mittagsschlaf nicht zu stören.
Langsam steige ich die Treppe bis zur dritten Etage hinauf, halte mich schnaufend am Geländer fest. In diesem Haus gibt es keinen Aufzug. Aber mir fällt die Ermahnung meiner Krankengymnastin ein: Im-mer schön die Trep-pe neh-men, nicht den Auf-zug, murmele ich rhythmisch von Stufe zu Stufe!
Die Tür im Dachgeschoss ist geöffnet, Lachen fliegt mir entgegen. Ben entdeckte mich zuerst: „Heute ist der Besuch der alten Dame!", sagt er und grinst.
Ich drehe mich um: Kommt da noch jemand? Eine alte Dame?
Im nächsten Moment muss ich über mich selbst lachen, weil mir

klar wird, dass er mich meint, und ich mich immer noch nicht als alte Frau betrachte.
Ich werde bewundert, als ich mich auf dem dicken Bodensitzkissen niederlasse. Die drei ahnen ja nicht, welche Schwierigkeiten ich beim Aufstehen haben werde! Ben, Hannah und Oskar hören aufmerksam zu, als ich erzähle, dass ich vor vielen Jahren einmal im Nachbarhaus gewohnt habe.
„Nun lebe ich in einer Wohnanlage für ältere Menschen, zentrumsnah, aber ruhig, in einer Sackgasse."
Meine begeisterte Erzählung, wie sehr ich den Blick von meinem Balkon aus in den großen Park genieße, macht auf die jungen Menschen wenig Eindruck. „Die Jahreszeiten zu erleben, Meisen, Amseln und Rotkehlchen zu sehen und zu hören, das hat für mich Lebensqualität."
Oskar verzieht das Gesicht: „Wenn man so alt ist und in einer Sackgasse lebt, ist das nicht langweilig?"
Ben und Hannah sehen sich an. Wissen sie, was Oskar meint? Es scheint ihnen peinlich zu sein. Nun wird von einem jungen Menschen ausgesprochen, was mich seit einiger Zeit intensiv beschäftigt: das unaufhaltsame Älterwerden.

***

Der Tee, den Ben aufgebrüht hat, duftet nach Zimt, Nelken und Papaya. Ich halte die getöpferte Schale in beiden Händen und lasse den Tee ein wenig abkühlen, bevor ich ihn trinke.
Da begegnen mir wieder die bekannten Bilder, wie der innere Film, der kurz vor dem Einschlafen abläuft: ein kleines Rinnsal, das sich über Steine und durch Pflanzen kämpft, zum langsam plätschernden Fluss wird. Mit besonderer Leuchtkraft im Morgenlicht ruhig fließt.
In Fluss bleiben. Eintauchen. Auftauchen.
Die Klarheit des Wassers lässt in die Tiefe bis auf den Grund schauen. Ich bin gefangen von dem Sog, der treibt, immer weitertreibt, heftig gegen Geröll ankämpft. Der Fluss, bald abgrundtief, breitet sich aus. Das Ufer ist nicht erkennbar. Die Strömung

nimmt zu, nimmt ab, ist unberechenbar, überwindet Barrieren, die zu Stillstand gezwungen hatten. Fließt und fließt und entwickelt überraschend Seitenarme in verschiedene Richtungen.
Ist es der Ausblick auf das Meer, das unbekannte Ziel, das den kraftvollen Strom beruhigt und Gewissheit bringt, anzukommen?
Ich trinke eine zweite Tasse Tee, rühre einen Löffel Honig hinein. Älterwerden als fortlaufenden Prozess von der Geburt zum Lebensende zu verstehen, kann ängstliche Betrachtungen unbedeutend werden lassen, denke ich. Hier gibt es eine Chance, ehrlich miteinander umzugehen, sich kennenzulernen. Vielleicht ein Netz zwischen Jung und Alt zu knüpfen.
Beim Verlassen meiner gewohnten Umgebung vor einigen Jahren war ich dem Chaos meiner Gefühle ausgeliefert gewesen. Es war mir schwergefallen, Vertrautes zurückzulassen, mich dem Neuen mutig zu stellen. Ich hatte mir eingebildet, souverän mit Veränderungen umgehen zu können, wie früher, als ich jünger war. Doch es waren Ängste aufgetaucht, die mich verunsichert und mit meinen abnehmenden Kräften konfrontiert hatten.

***

„In einer Sackgasse sehe ich mich nicht", sage ich jetzt. „Mein Weg geht weiter, verengt sich etwas, geht bergauf, bergab, führt an Baustellen vorbei und zu Kreuzungen, an denen ich mich für eine Richtung entscheiden muss. Manchmal werde ich zu Umwegen gezwungen."
Die drei erzählen von ähnlichen Erfahrungen, von ihren Kreuzungen ohne Verkehrszeichen, ohne Verbotsschilder zur Orientierung. Sie berichten von aktuellen Entscheidungen, die sie in Studienfächern und beruflichen Seminaren treffen müssen. Sie diskutieren über Vor- und Nachteile von Verbotsschildern, froh darüber, nach der langen Schulzeit eigene Ziele definieren zu können.
Welches Ziel steuere ich an – oder werde ich zum Ziel geführt?, überlege ich.

„Ich bewege mich langsamer, vorsichtiger, bewusster als früher, um nicht zu stürzen. Sehr deutlich nehme ich in der Umgebung wahr, was sich bewegt, was wächst, gedeiht oder verdorrt. Momente, Augenblicke werden zu Besonderem. Ich genieße sie oder erschrecke. Manchmal bin ich froh, manchmal traurig“, erzähle ich und schaue in sehr nachdenkliche Gesichter.
Hannah senkt den Kopf, sodass ihre langen blonden Haare in den Schoß fallen. Sie fasst sie zusammen, dreht sie blitzschnell zu einem Dutt, den sie mit einer Klammer auf dem Kopf feststeckt. Sie sieht mich an, mit klarem, neugierigem, liebevollem Blick. Dann erzählt sie, dass die Dachwohnung in diesem Haus ihrem Onkel gehört. Er vermietet sie preiswert immer nur an junge Leute.
Die drei sagen, dass sie ihren derzeitigen Lebensabschnitt genießen. *Die Welt liegt uns zu Füßen. Wir haben alle Möglichkeiten. Freiheit! Ein schönes Alter,* ist ihre Meinung.
Sie begreifen in diesem Moment noch nicht, dass der Weg ins Grenzenlose eine kostbare Momentaufnahme ist und von Erfahrungen eingeholt werden wird. Das Leben in einer WG erscheint ihnen optimal, um sie vor Einsamkeit und Langeweile zu schützen.
„Ich könnte nicht allein leben!“, sagt Hannah. „Ich würde mich sehr einsam fühlen.“
„Manchmal finde ich es schön, wenn ihr nicht da seid“, meinte Ben.
„Einsam oder allein zu sein, das sind zwei verschiedene Seiten einer Medaille“, ist Hannahs Antwort.
Ja, Einsamkeit hat viele Gesichter. Wie leer fühlte ich mich oft als kleines Mädchen. Viele Seiten meines Tagebuchs beschreiben die Ambivalenz der Einsamkeit in der Pubertät: ein Gefühl von Freiheit einerseits, aber auch die Suche nach menschlichen Beziehungen. Im Alter erlebe ich es ähnlich. Selbst gewählte Einsamkeit, Stille, um sich zu besinnen, lässt das Einsamsein als Geschenk

erscheinen. Wenn Verbindungen aus unterschiedlichen Gründen verloren gegangen sind, kann es zu einer besonderen Herausforderung werden, auf andere zuzugehen. Oft erlebe ich, dass solche Barrieren von vielen älteren Menschen ähnlich wahrgenommen werden, aber ein Schritt in diese Richtung dankbar als Bereicherung auf beiden Seiten verstanden wird.

***

Die Wohnsituation vieler älterer Menschen schließt oft eine unkomplizierte, natürliche Begegnung aus: „Ich freue mich, wenn der Briefträger klingelt“, erzählte neulich eine Bekannte.
„Wo sollten alte Menschen leben?“, will ich von den Jugendlichen wissen.
Am besten dort, wo es ihnen gefällt, schlagen die jungen Leute vor, nach Möglichkeit im Zentrum, damit sie noch am Leben teilnehmen können und nicht vereinsamen. Vielleicht auch in einer WG, einer Alten-WG. So könnten sie sich gegenseitig helfen. Sie sollten sich auf keinen Fall in einer Sackgasse befinden!
„Leider können wir im Alter oft nicht frei über unsere Wohnsituation entscheiden“, gebe ich zu bedenken. „Neben der finanziellen Seite spielt das geringe Angebot altersgerechter Wohnungen eine große Rolle. Und wenn man sehr lange allein und selbstständig gelebt hat, fällt es im Alter schwer, mit anderen zusammenzuwohnen, Kompromisse zu schließen oder von den Bedürfnissen anderer abhängig zu sein.“
„Das hat wenig mit dem Alter zu tun! Das kennen wir doch auch!“ Ben berichtet von Streitereien um Vereinbarungen. Fast wäre die WG daran zerbrochen. Konflikte auszutragen, Lösungen zu finden, ist schwierig, da sind sie sich einig. Flexibel auf Veränderungen zu reagieren, Abschiede zu erleben und damit umzugehen, neue Herausforderungen anzunehmen und sich nicht ängstlich zu verschließen, das seien doch keine Schwierigkeiten des Alters, sondern treten ebenso bei ihnen auf, erklären sie.
Ich wundere mich, wie klar sie diese Probleme erkennen. Sehr

überrascht bin ich, dass die drei nicht davon sprechen, mit alten Menschen unter einem Dach zu wohnen. In diesem Haus praktizieren sie es doch, zum Glück von Frau Schuster.
Frau Schuster ist Frau Schuster! Sie ist nicht eine alte Frau, die stets etwas zu meckern hat! Sie interessiert sich für uns wie eine liebenswerte Omi, ist dazu die Meinung der Jungen.
Sie diskutieren manchmal mit ihr über politische Fragen, über das Zeitgeschehen und rassistisches Denken. Frau Schuster bedauert sehr, dass viele ältere Menschen nicht deutlicher Stellung beziehen, wenn in ihren Kreisen rassistische oder andere menschenverachtende Bemerkungen geäußert werden! Sie hat eine klare Meinung dazu und erzählt von politischen Erfahrungen aus ihrem Leben. Gegebenheiten, die die Studenten sonst nur aus der Literatur oder aus dem Schulunterricht kennen. „Mit ihr haben wir noch Kontakt zu einer Zeitzeugin“, sagt Hannah.
Ben erzählt von Gesprächen mit Frau Schuster, durch die er schreckliche Details aus der Nazizeit erfahren hat: Wie lebensbedrohlich es für Andersdenkende war, sich zu äußern, sogar im Familienkreis! Frau Schuster ist entsetzt, dass sogar in der Mitte der Gesellschaft Antisemitismus wieder sein hässliches Gesicht zeigt, dass immer noch solch ein Hass mit antisemitischem Charakter besteht! Niemals hätte sie gedacht, dass sie so etwas in unserem Land noch einmal erleben muss!
Als ich mich verabschiede, beschließen wir, uns bald wieder zu treffen und zusammen zu kochen. Sie möchten gern alte Koch- und Backrezepte kennenlernen.
Und Ben interessiert sich für die politische Situation, für das gesellschaftliche Leben nach dem Krieg.
„Wie kann es sein, dass eine Gesellschaft nicht aus ihrer entsetzlichen Vergangenheit gelernt hat?“, fragt er.
Mich machen diese Fragen wieder einmal ratlos und traurig. Ben möchte sich jetzt während seines Studiums intensiver mit solchen Themen auseinandersetzen und sich politisch engagieren.

Als ich kurze Zeit später meinem alten Freund Hinrich von der Studenten-WG erzähle, von den Einstellungen der Studenten zum Leben im Alter, überrascht er mich mit der Bitte, bei meinem nächsten Besuch die Studenten mitzubringen.
„Ich möchte gern Kontakt zu den jungen Menschen haben. Nicht nur zu jungen Alten", sagte er augenzwinkernd. „Jede Chance im Umgang miteinander muss genutzt werden, um menschenverachtenden Strömungen, zum Beispiel in Gesprächen, in scheinbar belanglosen Bemerkungen, entgegenzuwirken." Ebenso wie Frau Schuster hätte er niemals gedacht, dass er am Ende seiner Lebenszeit wieder mit Rechtsradikalismus und Rassismus konfrontiert werden würde.

Gemischte Chöre

Begegnungen zwischen Alt und Jung sollten nicht nur Backrezepte, gemeinsame Feste und Feiern sein, dachte ich und freute mich darauf, eine Verbindung zwischen den jungen Leuten und meinem hundertjährigen Freund herzustellen. Ob es gelang? Durch mehrere Besuche in der Studenten-WG und durch Aktivitäten und Treffen im Marktcafé mit ihnen, lernten wir uns besser kennen. Wir setzten uns auseinander über Fragen des täglichen Lebens im jeweiligen Kontext, sprachen über aktuelle Ereignisse, über *Fridays for Future*.
Mein Traum sind „gemischte Chöre", in denen junge und alte Stimmen ihre Wertigkeit haben und zum gemeinsamen Konzert beitragen. Der Konzertsaal ist vorhanden. Mit Wartenden gefüllt.
Wo ist die Partitur?
Wo der Dirigent, die Dirigentin? Wir müssen danach suchen!
Wer gibt den Ton an? Brauchen wir Solisten?
Wie kann eine verständnisvolle, achtsame Verbindung zwischen

Jung und Alt wachsen? Diese Frage, die ich mit den Studenten und Studentinnen provokativ diskutierte, wurde Gegenstand einiger Gespräche in meinem Freundeskreis mit alten Menschen. Viele Vorurteile wurden betrachtet, mit der Erkenntnis, viel zu wenig voneinander zu wissen.
In diesen Gesprächen zeigte sich aber auch, dass sowohl alte als auch junge Menschen sich wünschen, nicht berührungslos aneinander vorbeizugehen. Sie wünschen sich, dass die Politik den Dialog zwischen den Generationen fördert und die Lebenswelten enger verzahnt.

Lebens-Mittel

Mir tränen die Augen durch den intensiven Lichteinfall, die strahlenden Farben meines Kaleidoskops. Bei jeder Drehung wird die Vielfalt sichtbar, mögliche Partnerschaften in neuen Formationen zu entdecken.
Hinrich hatte vorgeschlagen, gemeinsam mit uns zu kochen, zusammen zu essen. Er wollte die jungen Menschen in lockerer Atmosphäre kennenlernen. Sehr gern erinnere ich mich an dieses Treffen in Hinrichs Küche.
Wie jung und fröhlich Hinrich wirkte, wie sehr er sich offenbar über unseren Besuch freute! An diesem Tag trug er nicht die dunkelgrüne alte Strickjacke, sondern seinen hellgrauen Sonntagspullover, wie er sagte. Er bot Martin und den jungen Menschen das Du an. „So können wir einfacher miteinander reden", meinte er.
„Vielleicht brauchen wir ein Rezept für unser Menü." Hinrich legte ein vergilbtes, leicht zerfleddertes Kochbuch auf den Tisch. „Oder wollt ihr lieber in eurem eigenen Brei rühren?"
Oskar und Hannah lachten. Ben, der alte Bücher liebte, fing sofort

an zu blättern. Dabei fiel ein kleines Schwarz-Weiß-Foto heraus. Hinrich schob seine Brille zurecht. „Auf diesem Foto bin ich mit meiner Mutter. Wir stehen vor dem Haus, in dem wir damals wohnten."

Er zögerte einen Moment. Es kam mir so vor, als hätte sich der kleine Junge auf dem Foto von der Hand seiner Mutter losgerissen, wäre die Steintreppe hinaufgerannt und durch den Türspalt der alten Eichentür geschlüpft. Was verbarg sich hinter dieser Tür? Führte eine knarrende Treppe nach oben in das Elternschlafzimmer? Oder vielleicht auf den Dachboden zu Hinrichs Geheimversteck?

„Hinrich!", rief jemand. Die Frau auf dem Foto beugte sich liebevoll zu dem kleinen Jungen. Ihre Hand lag wie zur Beruhigung auf seiner Schulter.

„Du siehst traurig aus", stellte Hannah fest.

„Es wurde erzählt, dass ich sehr wütend gewesen sei und nicht fotografiert werden wollte. In unserer Familie besaß lediglich mein Onkel einen Fotoapparat. Da er selten zu Besuch kam, gibt es nur wenige Fotos aus dieser Zeit."

„Kaum vorstellbar im Zeitalter von Handy und Smartphone", sagte Oskar.

„Meine Kindheit verlief natürlich völlig anders als eure. An einige Begebenheiten kann ich mich erinnern, aber oft vermischen sich meine Erinnerungen mit Erzählungen aus dem Freundeskreis meiner Familie."

Hinrich nahm ein Foto von der Wand, das in einem silbernen Rahmen steckte.

Mit zwei Fingern strich der alte Mann behutsam über das Bild. „Das ist mein Vater. Ich habe mich immer nach ihm gesehnt. Er starb, als ich gerade geboren worden war. Ich wollte aber mit meinem Vater angeben wie meine Freunde mit ihren Vätern." Hinrich hielt seine Brille gegen das Licht, als würde er den Durchblick prüfen, dann setzte er sie wieder auf.

„Schließlich habe ich einen Vater erfunden. Der war stark, lustig und mein bester Freund. Lange hatte ich meinem verstorbenen Vater gegenüber ein schlechtes Gewissen, weil es mir wie Verrat erschien. Meinem Freund habe ich erst viel später gebeichtet, dass ich ihn belogen hatte."
An diesem Tag fiel mir auf, dass Hinrich bisher wenig über sein Leben erzählt hatte. Ich liebte unsere vertrauensvollen Gespräche, die sich auf die Gegenwart bezogen und in denen wir uns über unsere Befindlichkeiten offen austauschen konnten.

***

„Welches war der glücklichste Moment in deiner Kindheit?", wollten die jungen Leute wissen.
Hinrich wirkte irritiert. Hoffentlich ist diese Frage nicht zu persönlich, dachte ich.
„Glückliche Zeiten, in meiner Kindheit und Jugend? Es waren eher frohe Augenblicke, Zeiten ohne Angst, wenn keine Bomben fielen und wir nicht hungern mussten."
Plötzlich hatte ich den Geruch von gebratenem Geflügel in der Nase. Der Geruchssinn hat ein besonderes Gedächtnis ... Ich sitze auf der alten Bank in der Bauernstube, muss mich „groß machen", um an meinen Teller zu reichen. Ob ich mich hinknien darf?
Ich kann es kaum abwarten, von dem gebratenen Huhn ein kleines Stück zu bekommen, vielleicht vom Beinchen? Heute keine wässrige Suppe, die so schmeckt wie die gestrige, nur eine andere Farbe hat und nicht satt macht. Die Bäuerin hatte uns eingeladen. Es war wie im Schlaraffenland!
„Es gibt Momente, in denen ich Konfetti werfen könnte vor Freude", sagte Hinrich und lachte.
Ich war überrascht, wie offen der alte Mann war und wie schnell er sich auf die jungen Leute eingestellt hatte.
„Glückliche Momente früher waren vielleicht, als ich mein erstes Auto holte, meinen grauen DKW. Vielleicht auch der Tag, an dem ich mein Staatsexamen bestanden hatte."

Hinrichs Gesichtsausdruck verjüngte sich um Jahre, er kicherte: „Der Kuss von dem Mädchen, das mich ausgewählt hatte, obgleich zwei meiner Freunde, die besonders attraktiv waren, „hinter ihr her waren“, so sagt man doch?“
Oskar grinste und räusperte sich.
„Der letzte Schultag, die Abschlussfeier ... mein Glücksgefühl, weil ich endlich die Eins in Mathe bekommen hatte.“
Jetzt räusperte sich Hannah und verdrehte die Augen.
Hinrich erzählte, dass er sich mit Schaudern an Völkerballspiele erinnerte. Spiele, die sie „Abknallen“ nannten. Aufgereiht standen die Jungen nebeneinander, wenn die Spielleiter ihre Mannschaft auswählten. Eine peinliche, diskriminierende Situation! Glücksmomente für ihn waren, wenn er nicht als Letzter, sondern als Vorletzter ausgewählt wurde.
Fast hätte ich Hinrich in den Arm genommen. Ich dachte an viele Völkerballspiele, bei denen ich Spielleiterin war und immer bemüht gewesen war, die beste Mannschaft zusammenzustellen, um zu gewinnen. Habe ich einmal eine schwächere Spielerin zuerst genannt, weil sie mir leidtat?
„Frohe Momente sehen heute für mich anders aus.“ Hinrich atmete tief.
Als er weitersprechen wollte, überschlug sich seine Stimme. Ein Hustenanfall ließ uns alle erschrecken. Hinrich rang nach Luft, hielt sich am Tisch fest, versuchte ein paar Schritte.
Martin sprang auf, fasste den alten Mann unter die Arme und half ihm auf seinen Stuhl, während ich ein Glas Wasser zapfte und es Hinrich gab. Er trank es in einem Zug leer. Sein Husten beruhigte sich langsam.
„Entschuldigung, es tut mir leid“, sagte er und schaute in sehr erschrockene Gesichter.
Mit den Fingerspitzen massierte er seine Stirn, räusperte sich. „Wie froh kann ich sein, wenn mir bewusst wird, dass ich ein Dach über dem Kopf habe, keine finanziellen Sorgen, Bücher

und CDs mit der Musik meiner Lieblingskomponisten besitze."
Hallo, *Alter-Freund*, dachte ich. Frohe Momente für mich sind, wenn ich manche Situationen gelassen betrachten kann und mich nicht mehr aufregen muss.
Oskar verzog das Gesicht, er konnte nicht glauben, dass man mit so wenig zufrieden sein konnte. Er wollte wissen, ob Hinrich schon immer so „reduziert" gedacht hätte.
„Ganz sicher nicht!", gab Hinrich zu. „Das Alter hat besondere Spielkarten! Mein Blick auf den Tag ist reicher geworden. Was mich heute froh macht, ist das Eichhörnchen, das sich in der Sonne aalt, dann mit unbeschreiblicher Eleganz in den Baum springt und von Ast zu Ast fliegt. Das Plätschern des Regens. Kinder, die mit ihrem Roller zur Schule rasen und vor Lebenslust schreien. Der Postbote, der mir zuwinkt, obgleich er keine Post für mich hat. Die Nachbarin, die mir vom Sonntagskuchen ein Stück bringt. Die Urlaubskarte eines Freundes. Studenten, die sich für das Leben eines alten Mannes interessieren."
Nach einer Weile fügte er hinzu: „Der glücklichste Moment meines Lebens war, als ich Astrid, meine Frau kennenlernte, die mein Leben unendlich reich machte. Der traurigste, als sie starb und ich verzweifelt zurückblieb."

***

„Jetzt wird gekocht!", sagte Martin und unterbrach damit die Stille, die sich in der Küche ausgebreitet hatte.
„Ich habe Hunger!" Martin klopfte sich mit beiden Fäusten auf den Bauch und ließ sich auf Hinrichs Küchenhocker fallen: „Aber viele Köche verderben bekanntlich den Brei! Ich bleib hier sitzen."
Damit waren die anderen natürlich nicht einverstanden und protestierten lachend.
Meine Vorsuppe kochte auf dem Herd: mit Buchstabennudeln und vielen Erinnerungen an Schulspeisung, an wässrigen Kakao, der ein klein wenig süß war.

Hinrich schien das mehrstimmige Geplapper und Lachen zu genießen.
„Jetzt habt ihr so viel aus meinem Leben erfahren“, sagte er und wischte sich umständlich mit dem Handrücken über das Gesicht. „Könnt ihr euch vorstellen, wie sehr ich mich freue, dass ihr hier seid, dass mir eure Anwesenheit guttut?“
Ich spürte, wie bewegt der alte Mann war. Als junger Mensch kann man nicht wissen, was alte brauchen, welche Träume, Erwartungen und Wünsche sie haben, dachte ich. Schnell zog ich den Suppentopf von der Herdplatte, damit nichts anbrannte.
„Probier mal!“ Hannah hielt Hinrich einen Löffel Gemüse hin. „Wie schmeckt es? Oder fehlt Salz?“
„Nein, es schmeckt prima! Es ist ohne Beigeschmack, also bekömmlich.“ Hinrich lachte.
„Wir Alten brauchen nicht nur eine warme Mahlzeit, Seniorenteller schwach gewürzt.“ Hinrich trank einen Schluck Wasser und schmunzelte, als er weitersprach.
„Wir brauchen nicht nur ein Bett und gute Ärzte. Wir suchen oft nach sinnstiftenden Aufgaben, manchmal auch nach speziellen *Lebens-Mitteln* für unser Tages-Menü!“
Wie notwendig sind Beziehungen zu Menschen, nicht nur im Alter! Menschen, die uns wahrnehmen, die uns lieben, die wir lieben, dachte ich und schickte ganz schnell eine Gedanken-SMS an meine Freundinnen, an meine großen und kleinen Kinder.
Martin deckte sorgfältig den Tisch, ordnete Teller und Besteck. Die jungen Menschen sprachen über *ihre* Lebens-Mittel, über *ihre* „Gewürze“, die sie für ihr tägliches Menü benötigten. Darüber, wie wichtig es für sie war, ihre Familien im Hintergrund zu wissen. Sie erzählten von vielen Herausforderungen in beruflichen und persönlichen Bereichen, von Plänen, Träumen, aber auch von Ängsten – und davon, dass die Fülle von Alternativen oft eine Entscheidung erschwere.

„Können wir Alten euch dabei helfen, vielleicht bei Dingen, die euch Angst machen und uns bekannt vorkommen, durch jahrelanges Nichtaufgeben?“, fragte Hinrich.
„Ihr könnt uns Mut machen. Vielleicht auch mal bremsen, wenn wir zu früh aufgeben wollen, weil wir vor Prüfungen unter Zeitdruck geraten sind“, erwiderten die Jungen.
Hannah berichtete lachend von solchen verzweifelten Situationen, für die sie mit Milchreis und Himbeersaft vorgesorgt habe! Lächelnd, mit zitternden Händen füllte Hinrich Buchstabensuppe in unsere Teller.
„Können wir euch helfen?“, wollte Ben wissen.
„Ihr könnt uns ermutigen“, meinte Hinrich, „weil unser Tank allmählich leer wird.“
Martin schöpfte ein zweites Mal Gemüse auf seinen Teller. „Mir schmeckt es, besonders wegen der gepfefferten Zutaten, *Ermutigung und Trost.*“
Die Jungen sahen ihn überrascht an. Der Fußballspieler brauchte Ermutigung, Trost? Eine Weile schwiegen wir.
Ob der Weg zueinander etwas kürzer geworden war, überlegte ich. Alle sahen mich erstaunt an, als ich plötzlich lachte. Mir war das bestickte Überhandtuch eingefallen, das in Großmutters Küche hing, hinter dem die gebrauchten Küchenhandtücher versteckt wurden: *Hoffnung sei dein Wanderstab von der Wiege bis zum Grab,* stand darauf.
Wir hatten es damals als Umhang für unser Rollenspiel benutzt, was natürlich verboten war und mit Puddingentzug bestraft wurde. Ich erzählte davon, wobei die jungen Menschen eine solche Strafe sehr merkwürdig fanden.
Ich lehnte mich entspannt zurück. Hannah, Ben und Oskar planten schon ihren Abend. Martin schien seinen Hunger gestillt zu haben, hielt die Arme verschränkt, schaute aus dem Fenster und lächelte. Hoffnung sei dein Wanderstab ... Hoffnungsbilder, die uns begleiten.

Lebens-Mittel für solch ein kostbares Menü können nicht gekauft werden, sie müssen gesucht und gefunden werden, dachte ich. Für welche Nach-Speise werden wir uns entscheiden? Süß, zartbitter, oder scharf gewürzt nach noch unbekannten Rezepten?
Hinrich wollte kleine Glasschalen aus dem Küchenschrank nehmen. Er reckte sich, schaffte es aber nicht.
„Danke!“, sagte er, als Ben ihm half. „Sehr lange habe ich sie nicht mehr benutzt. Es gibt Vanilleeis. Hoffentlich mögt ihr es.“
Mit Eierlikör wollte er das Eis verfeinern.
„Iiihh! Das ist was für meine Uroma“, sagte Oskar. „Entschuldigung! Das ist mir so rausgerutscht!“
Hinrich lachte und wischte sich eine Träne weg. „Was hältst du von Schokostreuseln?“
Da stimmten alle begeistert zu.
Nach dem gemeinsamen Aufräumen verabschiedeten wir uns. Hinrich umarmte mich, das hatte er noch nie getan. „Danke!“, flüsterte er.
Am Ende der Straße drehte ich mich noch einmal um. Hinrich stand noch immer vor seiner Tür.

Beziehungen, Endlichkeit, Abschiede ...

Freundschaft

Es hat mich sehr bewegt, als mir Gerda von ihrer langjährigen Freundin erzählte, die ihr *schriftlich die Freundschaft kündigte.* Ohne nachvollziehbare Erklärung, ohne besondere Vorkommnisse. Gerda erfasste eine tiefe Traurigkeit. Sie hatte Mühe, ihren Alltag weiter zu gestalten. Ihre Kräfte hatten nachgelassen, ihre Gedächtnisprobleme waren stärker geworden, sodass sie sich zeitweilig nicht orientieren konnte. Ihr Begreifen der Welt hatte sich verändert. Vielleicht erkannte man nicht mehr sofort die warmherzige, liebenswerte Frau in ihr. Aber in diesem Prozess war sie dringend auf Verständnis, auf Toleranz und Geduld, auf Hilfe angewiesen.

Lag es daran, dass diese Freundin mit ihren eigenen Lebensmöglichkeiten zu kämpfen hatte und die Bedürfnisse und Erwartungen ihrer langjährigen Freundin nicht mehr wahrnehmen konnte? Vielleicht vermisste sie den Gedankenaustausch auf Augenhöhe. Das ist schwer zu ertragen und erfordert ein hohes Maß an Mitgefühl und Gelassenheit. Körperliche Einschränkungen können schmerzhaft sein, sind aber für Außenstehende nachvollziehbar. Doch der Verlust geistiger Fähigkeiten, der sich oft schleichend vollzieht, wirkt bedrohlich.

Hoffen wir nicht alle darauf, dass wir dann mit liebendem Blick ganzheitlich wahrgenommen werden?

Freundinnentreff

Anja hatte mich zu ihrem Freundinnentreffen mitgenommen. Es war ein Kreis gut situierter alter Damen in gepflegtem Outfit, teilweise betont durch teuren Schmuck. Einige Frauen wirkten fast zehn Jahre jünger, als sie waren. Sie trafen sich regelmäßig, besuchten Konzerte, Kunstausstellungen, Dichterlesungen, oder sie gingen zusammen essen. Einige nahmen an Wohltätigkeitsveranstaltungen teil, stifteten Geld für soziale Projekte. Nicht nur der Steuer wegen, betonten sie. Wenn sie sich einsam fühlten, verabredeten sie sich und kochten abwechselnd. Sie sprachen über ihre verstorbenen Lebenspartner, über ihre Ehemänner. Krankheiten, Patientenverfügungen und Beerdigungswünsche spielten in ihren Gesprächen eine dominante Rolle. Sie wollten ihren letzten Lebensabschnitt ordnen, gestalten, aber auch kontrollieren. Sicherheit in einem ständigen Planungs- und Entscheidungsprozess schien ihnen wesentlich zu sein. Die Frauen tauschten sich über Anlagemöglichkeiten ihres Kapitals aus, um Negativzinsen zu vermeiden. Bei Außenstehenden weckten solche Überlegungen gelegentlich Neidgefühle. Einsamkeit und depressive Stimmungen belasten die Lebensenergie und beschleunigen den Alterungsprozess, meinten sie. Diese Frauen liebten es sehr, mit Gleichgesinnten zusammen sein zu können.

Ich fühlte mich unwohl und war froh, dass auch eine andere Frau zum ersten Mal Gast in diesem Kreis war, Marina. Sie fiel durch ihre farbenfrohe, ausgefallene Kleidung auf, strahlte Lebensfreude und Optimismus aus. Bei den Gesprächen hörte sie aufmerksam zu und lächelte, als die Frauen darüber sprachen, welche Probleme sie mit ihren Putzhilfen hatten.

Marinas Welt sah anders aus. Sie hatte viele Jahre als Angestellte in einer Firma gearbeitet und bekam eine kleine Rente. Eine Witwenrente erhielt sie nicht. Sie musste mit wenig Geld ihre Miete bezahlen und ihren Lebensunterhalt bestreiten. Das Leben der anderen Frauen war ihr völlig fremd. Sie staunte, wie belastend sie es gestalteten.

„Ich will doch nicht meine letzte Lebensphase verplanen, mich in alle Szenarien hineinsteigern, die mich treffen könnten. Ich will mich nicht der neuen Bürokratie des Sterbens, dem Sicherheits-

fanatismus unterwerfen: Beerdigung festlegen, Notfalldose im Kühlschrank, Vorsorgevollmacht, Patientenverfügung ständig überarbeiten ... und dabei vergessen zu leben! Ich will im Hier und Jetzt leben! Die Vorzüge genießen, die sich aus meiner Unabhängigkeit und Freiheit ergeben. Ich möchte Schönes bewusst wahrnehmen. In der Musik, in der Natur, in der Begegnung mit Menschen“, sagte sie. „Ich freue mich auf das Unbekannte. Sturm, Regen, Licht und Wärme geben mir Kraft und Energie. Im Vertrauen auf meinen Schöpfer genieße ich meine begrenzte Lebenszeit, offen, frei, ohne Angst. Ich laufe durch den Wald. Die Bäume berichten von dem Geheimnis der Natur.
Wenn der Abschied von dieser Welt kommt, muss es dann die beste Medizin, die beste Sterbebegleitung sein? Will ich dann mein Leben um jeden Preis verlängern? Ich wünsche mir, dass ich von Freunden, von meiner Familie umgeben sein werde.“
Als Anja und ich uns verabschiedeten, nachdenklich, winkte Marina uns nach.

Es ist wieder so ein Morgen.
Kein Termin, der abgearbeitet werden muss.
Freiheit, denke ich.
Auf dem Weg ins Bad ignoriere ich den Schmerz im rechten Knie,
erinnere mich an die Übungen der Physiotherapeutin,
richte mich auf, recke und strecke mich.
Die warme Dusche tut gut.
Der Tag soll kühl werden, sagt die Reporterin im Radio.
Ich entscheide mich für den kuscheligen Pullover.
Draußen auf der Straße Lebendigkeit.
Kinderstimmen.
Autohupen.
Der Müllwagen scheppert.
Und ich?
Ich spiele nicht mehr mit.

Schaue in den Spiegel,
sehe meine Mutter.
Erschrecke.
Sie lächelt, zieht die Stirn kraus.
Ich streiche über die Wangen.
Sei gut zu dir selbst, sagt sie.
Akzeptiere dich, auch mit deinen Grenzen.
Ich bürste die Haare.
Sind sie schon wieder dünner geworden?
Wenn ich morgens aufstehe,
mich allein anziehen kann, dann ist der Tag gerettet,
sagt mein Vater.
Ich höre sein Lachen.
Morgenstund hat Gold im Mund!
Wie hasste ich diesen Spruch,
wenn er mich als Wecker am schulfreien Tag
aus meinen Träumen riss!
Ich halte mir die Ohren zu, gehe in die Küche
und freue mich auf die erste Tasse Kaffee.

Freunde gehen

Ich habe eine Freundin verloren.
Nein, sie ist nicht gestorben.
Wir haben nicht gestritten
und keine Möglichkeit der Versöhnung gesehen.
Meine Freundin ist auf dem Weg in eine andere Welt.
Sie schaut mich an, stellt Fragen wie ein Kind.
Ich bin unendlich traurig.
Manchmal wütend.
Ich flehe den Himmel an, dass ich geduldig sein kann,

weil ich voll Dankbarkeit unsere Freundschaft im Herzen trage.
Ich will ihr mit Liebe begegnen,
ihre verschlüsselten Botschaften verstehen lernen.
Vielleicht erkennt sie mich bald nicht mehr.
Ein schmerzhafter Abschied, der Angst macht.
Angst vor dem Fremden
in mir.

Dankbar erinnere ich mich an Freundinnen und Freunde, die *Heilsalben* kennen. Menschen, die im richtigen Moment da sind oder anrufen, mich ins Kino mitnehmen, in ein Konzert, weil sie wissen, wie sehr ich den Komponisten liebe. Freunde, die Regenschirme in vielen Farben bereithalten, um mich von Unheilvollem abzuschirmen, die mir helfen, mich nicht zu verlieren, mir nicht „gute Ratschläge" geben, sondern mich ermutigen.
Rechtzeitig, schon in jungen Jahren, ein soziales Netzwerk zu knüpfen, hilft in vielen Situationen, denke ich und sende viele dankbare Gedanken in alle Himmelsrichtungen.

Jahreszeiten

„Sehr dankbar bin ich Hinrich, meinem hundertjährigen Freund, für viele interessante Gespräche", erzählte ich Bernd.
„Ich besuche Hinrich manchmal und helfe ihm bei Besorgungen, Arztbesuchen und Dingen, die ihm schwerfallen."
Für die Reparatur eines tropfenden Wasserhahns bat ich Bernd, meinen Nachbarn, mich zu begleiten.
Vielleicht waren es nur ein paar Sekunden, bis Hinrich öffnete. Für mich schien es eine Ewigkeit zu dauern. Ich legte das Ohr an Hinrichs Wohnungstür und hielt fast den Atem an. Bernd betrach-

tete mich unsicher. Er konnte wahrscheinlich meine Angst nicht einordnen. Endlich hörte ich Hinrichs schlurfende Schritte. Sein Strahlen umgab uns sofort, als er die Tür öffnete und uns mit einladender Geste hereinbat.

Hinrich bewirtete uns mit Tee und hörte aufmerksam zu, als Bernd von seinen Problemen berichtete, aus dem Arbeitsleben in die Rentenzeit zu wechseln.

Das erinnert mich an viele Gespräche mit Martin, an seine Schwierigkeiten am Ende seiner beruflichen Tätigkeit, dachte ich.

„Wir sind mehr als unsere Arbeit, Bernd“, betonte Hinrich. Ich liebte diesen alten Mann, den ich immer besser kennenlernte.

„Wenn wir auch einen bestimmten Teil unseres Selbstwertgefühls durch unsere Arbeit füttern: Wir definieren uns über unseren Beruf, der uns Stabilität gibt. Doch wir sind so viel mehr, als unsre beruflichen Tätigkeiten über uns aussagen!“

Hinrich goss erneut Tee in unsere kleinen Blumentassen, dabei zitterten seine Hände ein wenig.

„Die Leere, die nach der Berufstätigkeit entstehen kann, muss gefüllt werden!“ Hinrich räusperte sich. „Plötzlich interessiert sich niemand mehr für deine Ideen, die du im Beruf leidenschaftlich vertreten hast.“

Bernd nickte.

„Diese Erfahrung habe ich auch gemacht“, sagte Hinrich. „Vielleicht entdeckst du aber neue Fähigkeiten an dir, die jahrelang brachlagen, mit vielen Überraschungen.“ Hinrich lächelte verschmitzt. „Es kann aus dem Müllwerker ein Schauspieler werden, aus dem Pastor ein Koch, aus der Ärztin eine Sängerin und aus dem Kriminalkommissar ein Clown. Und aus dir“, er sah mich an, „eine Straßenmusikantin! Und du, Bernd, wirst vielleicht Zeitungsreporter!“

Bernd sprang auf, nahm ein imaginäres Mikrofon in die Hand, lief hin und her, verbreitete eine heitere Atmosphäre und probierte seinen neuen Beruf aus.

„Das braucht Zeit zum Wachsen. Wie ein Baum im Jahreskreis“, sagte Hinrich und sprach über die Schöpferkraft des Frühlings, von der Wärme und Leichtigkeit des Sommers, von Früchten und Ernte im Herbst, von der Dunkelheit, Kälte, aber auch der Klarheit des Winters.
Bernds Fröhlichkeit schien der Zeitungsreporter mitgenommen zu haben.
„Nein!“, schrie er plötzlich. „So ist das nicht!“
Wir sahen ihn ratlos an, was war geschehen?
„Als Zeitspanne kann ich das nachvollziehen. Aber eure Wertung, mit der ihr Jahreszeiten belegt, ist absurd!“
Ich war erstaunt, so hatte ich meinen Nachbarn noch nicht erlebt.
„Wo ist die Leichtigkeit des Sommers?“ Er zeigte nach draußen in Hinrichs Garten. Die Pflanzen und ein kleines Fliederbäumchen lechzten dem Regen entgegen.
„Hier drin“, Bernd klopfte sich mit beiden Fäusten auf die Brust, „ist tiefster Winter, eiskalt. Die Klarheit des Winters erkenne ich nicht!“
Ich dachte an meine ambivalenten Gefühle, die ich in jedem Jahr dem Herbst entgegenbrachte.
Es war beruhigend, als Hinrich nach einer Weile sagte: „Phasen gehen ineinander über, verwischen ihren Anfang und ihr Ende!“
Bernd lachte und zog an seinem T-Shirt. „Dann kann ich ja darauf hoffen, dass ich vielleicht bald meinen schützenden Winterpulli ausziehen kann!“
Als der Wasserhahn nicht mehr tropfte, verabschiedeten wir uns.
„War dir sein Vortrag zu viel?“, fragte ich Bernd draußen.
„Nein“, antwortete er, ohne zu zögern. „Der alte Mann imponiert mir.“

***

Hinrichs Gedanken begleiteten mich: Aufbruchsstimmung im Frühling, Fülle und Reichtum des Sommers, Farbenpracht und Abschiede des Herbstes, die klare Struktur des Winters in seiner

Nacktheit, in der auch Verletzungen sichtbar werden, lassen mich demütig werden.
Ein alter Baum, verwurzelt in der Erde, dem Wind, Sturm und Regen, der Kälte und der Hitze ausgesetzt, braucht Nahrung. Nahrung aus dem Boden, aus der Erde, um zu leben, um standfest zu bleiben, dachte ich.
Ich sah Großmutter vor mir, die mit dem Wassereimer durch den Garten humpelte, um den alten Zwetschgenbaum zu wässern, damit er den heißen, trockenen Sommer überstehen konnte.
Mir wurde wieder einmal klar, dass es für mich Aufgaben gab, die sich nicht um mein „Altwerden" drehten, sondern die ich aufgrund meines Alters, meiner Lebenserfahrung, meiner Kräfte leisten konnte.
Ein tiefes Loch graben, um den Baum zu pflanzen, dazu fehlt mir die körperliche Kraft. Aber dem Baum Wasser bringen, ihn bewundern, wie er den kleinen Bewohnern Nahrung und Nest bietet, ihn vor Schädlingen schützen und seine Früchte verteilen – das kann ich!

Ausstieg aus dem Berufsleben

Meinen Ausstieg aus dem Berufsleben hatte ich sorgfältiger als Martin und Bernd geplant, aber er fiel mir trotzdem schwer. Es war zunächst tägliche Arbeit, Trauerarbeit. Abschied von einem wichtigen Teil meines Lebens.
Meinen Kolleginnen hatte ich einige Zeit vorher lächelnd vorgeschlagen, mir Filzpantoffeln ins Büro zu stellen, wenn sie den Eindruck hätten, dass es Zeit für mich sei, zu gehen. Wie sehr habe ich mich gefreut, als ich nach einem Kuraufenthalt zurückkam und sie mir einen „Durchhalteorden" schenkten.

Aber nach dem nächsten Geburtstag entschloss ich mich, meinen Abschied vorzubereiten. Meinen Rentenanspruch konnte ich nun umsetzen.
Aus Arbeitskreisen, in denen ich engagiert mitgewirkt hatte, zog ich mich zurück. Dann war es so weit. Letzte Pflichten mussten erledigt werden, um einen geordneten Übergang zu ermöglichen. Schließlich bin ich von der Bühne in den Zuschauerraum gewechselt. Mein Spiel war hier zu Ende. Ich verneigte mich vor den geduldigen Zuschauern, vor allen Mitwirkenden, sandte ein großes Dankeschön an den Regisseur, der mich für dieses Stück ausgesucht und geschult hatte. Er hatte mir Freiräume gegeben und war ein guter Souffleur gewesen, wenn ich nicht mehr weiterwusste und ihn um Hilfe gebeten hatte. Meinen Text hatte ich gelernt, konnte ihn meist auswendig. Hin und wieder verhaspelte ich mich. Die große Verantwortung, die ich spürte, kostete viel Kraft. Habe ich die Rollen der einzelnen Mitspieler beachtet und bin ihnen nicht ins Wort gefallen? War die unsichtbare Maske notwendig, die ich oft trug? Solche Fragen beschäftigen heute noch manchmal den Kritiker in mir.
Ich klopfte den Staub aus dem Kostüm, das zu meiner Rolle gehörte, und hängte es zu den neuen, unbeschädigten in die Kulisse. Mein letzter Blick galt dem denkwürdigen Bühnenbild. Ich verließ den Saal auf Zehenspitzen, um die besondere Atmosphäre des Raums nicht zu zerstören.
Ich bin froh, dass es mir gelungen ist, meinen *Zeitpunkt des Aufhörens* zu erkennen.
Peinlich berührt war ich von dem höflichen Klatschen in einem Konzert, als der Dirigent, der kaum mehr stehen konnte, gestützt wurde, um am Pult seine Aufgabe zu erfüllen. Hatte er den Zwang verspürt, immer noch jemand sein zu wollen, sich beweisen zu müssen? Hab Mut zum Aufhören, es gibt ein Leben nach der Berufstätigkeit, hätte man ihm gern zugerufen. Solch ein Verhalten wirft einen Schatten auf vorherige Leistungen.

Liebe Marie,
welchen Beruf hättest du gehabt, welche Rolle hättest du gespielt?
Vielleicht wärst du Krankenschwester geworden wie deine Patentante, die dich von Herzen geliebt hat. In dem alten Fotoalbum fand ich ihren Feldpostbrief, der auf Umwegen aus Russland gekommen war. Sie gratulierte dir zu deinem Geburtstag. Zum nächsten Geburtstag wollte sie dir einen Geburtstagskuchen backen, Kerzen anzünden und mit dir und deiner kleinen Schwester feiern. Dann sei ganz bestimmt der Krieg vorbei.
Aber der Krieg dauerte weitere zwei Jahre. Niemand ahnte, dass weder du noch deine Patentante das Ende des Krieges erleben sollten.

Lebenszeit

Wie werde ich meine zukünftige Lebenszeit verbringen?
Diese Frage beschäftigte mich immer drängender. Ich freute mich sehr, als Hinrich mich einlud, mit ihm zu reden und zu meinen Fragen seine Gedanken zu hören.
„Lebenszeit planen?", fragte er erstaunt. „Ich will leben!" Hinrich sah mich nachdenklich an. „Ich genieße meine Zeit zum Verweilen, zum Nachdenken, für Stille. Das ist der Reichtum des Alters, den ich schätzen gelernt habe. Das Bedürfnis hierzu wächst. Ich bin gerne zu Hause. Hier in meiner Höhle fühle ich mich geborgen und sicher."
Ich wunderte mich, denn ich konnte mir nicht vorstellen, wie ein normaler Tagesablauf eines so alten Mannes aussah, der selten das Haus verließ. War es nicht immer still und ruhig um ihn herum?
„Ich versuche jedem Tag eine Struktur zu geben."

Ich nickte zustimmend, denn ich verstand sehr gut, was er meinte. Ritualisierte Haltepunkte am Tag und in der Woche helfen, Regenwolken zu vertreiben.
„Beziehungen zu Menschen, die mir nicht guttun, schränke ich ein. Menschen, die sich ständig um sich selbst drehen, die andere nicht wahrnehmen oder nur durch dunkel getönte Brillen betrachten. Das macht mich traurig, manchmal wütend“, sagte Hinrich.
Ich dachte an Freunde, an Freundinnen, die ununterbrochen von ihren Problemen, ihren Krankheiten erzählten.
„Es fällt mir schwer, sie zu unterbrechen. Monologe, die mich als Zuhörerin oft überfordern. Ich vermisse den gegenseitigen emotionalen Austausch, aber auch Gedanken zu Fragen unserer Zeit“, stimmte ich ihm zu.
„Das Bedürfnis zu reden, von eigenen Problemen zu berichten, wächst im Alter, vor allem bei Alleinlebenden.“ Hinrich lachte und erzählte, dass er mit einigen Freunden eine Vereinbarung getroffen hat, zunächst drei positive Dinge zu benennen, bevor über Negatives gesprochen wird. Diese Idee gefiel mir! Ich beschloss, sie zu übernehmen.
„Die Zahl der älteren Gesprächspartner und Gesprächspartnerinnen schrumpft leider. Und um Kontakte zur jüngeren Generation müssen wir Älteren uns bemühen“, sagte Hinrich.
Welches Glück habe ich, ging es mir durch den Kopf. Durch meine Enkelkinder und deren Freunde habe ich natürlichen Kontakt zu jungen Menschen.
„Ich möchte mit Menschen zusammen sein, die mit mir über meine und ihre Fehler lachen können“, sagte Hinrich.
Ich erinnerte mich an eine Gruppenfahrt, bei der ich in einer Kirche meine Handtasche mit allen Papieren und Schlüsseln liegen gelassen hatte. Es blieb keine Zeit für meine Verzweiflung, denn zwei der mitfahrenden Männer liefen los und kamen mit meiner Tasche zurück. Später im Bus sorgten Geschichten von vergessenen Handtaschen, Regenschirmen, einem verlorenen Lieblings-

schuh, vertauschten Jacken und Brieftaschen mit geheimem Liebesbrief für eine heitere Rückfahrt.
„Selten besuchen mich Menschen, die nicht ihre Erfolge immer wieder lauthals präsentieren, die sich uneingeschränkt mit mir freuen können, ohne durch einen negativen Aspekt meine Freude zu trüben“, meinte Hinrich. „Neben dem Blick auf das halb volle oder halb leere Glas schleicht sich dann vielleicht auch ein Gefühl von Neid ein.“
Ich stimmte ihm zu und erinnerte mich an ähnliche Situationen, an die Enttäuschung über fehlendes positives Mitgefühl.

***

Hinrich lächelte, als er nach einer Weile sagte: „Wir müssen Menschen treffen, die über eigene Bedürfnisse hinaus Verantwortung übernehmen wollen und für die es selbstverständlich ist, die Würde der Alten, der Behinderten, der Geflüchteten, die eine neue Heimat suchen, zu achten.“
Ich war so froh, als er das sagte. Wie hatte ich in den letzten Wochen diese Überlegungen im Bekanntenkreis vermisst! Wie einsam fühlte ich mich in Gesprächen mit ihnen, in denen meine Gedanken, meine Gefühle keinen Widerhall fanden.
Hinrich berichtete von seiner Nachbarin, die ihre Waschmaschine zwei syrischen Jungen zur Verfügung stellte, auf deren Weg in die Selbstständigkeit.
Ich betrachtete den Bücherstoß auf Hinrichs Fensterbank.
„Bücher, die ich lesen will, suche ich kritischer aus“, erzählte ich.
Hinrich lachte. „Ich fange gerade an, meine Lieblingsbücher erneut zu lesen!“

„Ich bin müde geworden“, gestand ich. „Manchmal kann ich nicht mehr gegen Windmühlen ankämpfen, um von humanistischen Werten zu überzeugen! Ich spüre meine schwindenden Kräfte.“
Hinrich sah mich aufmerksam an. „Wir müssen ein Klima schaffen, in dem wir uns weiterhin achtsam, ohne Vorurteile begegnen können!“

In meinen Geschichten, in meinen Büchern will ich immer weiter davon erzählen, dachte ich.
Hinrich legte seine Hand auf meine. Wie gut sich das anfühlte, wie schön die Hand des fast hundertjährigen alten Mannes aussah. Zartgliedrig, doch die vielen Adern und Verästelungen zeichneten ein kräftiges Lebensbild. Wie oft hatte er wohl diese Hand zur wütenden Faust geballt, sie aber auch wieder friedvoll geöffnet oder ausdrucksvoll damit gestikuliert?
„Andersdenkenden mit Respekt und Zivilcourage zu begegnen, gelingt mir leider auch nicht immer, wenn deren Einstellungen zum Leben, zu den Menschen völlig konträr zu meinen sind", sagte er, den Kopf theatralisch schuldbewusst gesenkt.
Wir lachten beide.
„Nach wie vor will ich deutlich Stellung nehmen, gegen Ungerechtigkeit, gegen Menschenfeindlichkeit und Hass", sagte ich. „Dann spüre ich die Kraft zu kämpfen! Wenn sich der strenge Richter in mir meldet, weil ich nicht mutig genug war, hoffe ich auf eine Bewährungsstrafe."
„Gönne dir Rückzugszeiten, Ruhepausen zum Auftanken! Sie werden beim Älterwerden immer wichtiger", sagte Hinrich mit erhobenem Zeigfinger, wie ein besorgter Vater.
Ich verabschiedete mich mit Wehmut im Herzen und ein wenig Angst davor, ihn nicht wiederzusehen.

Liebe Marie,
obgleich unsere Mutter sehr zarte Hände hatte, konnte sie kräftig zupacken. Sie scheuerte die Wäsche auf dem Waschbrett. Sie hackte sogar Holz für unseren Ofen. Nie habe ich bei ihr vor Zorn geballte Fäuste erlebt. Als kleines Mädchen liebte ich es, ihre Hände zu streicheln. Sie fühlten sich weich an, wie das Samtkleid deiner Puppe, die hinten in Omas Kleiderschrank lag und mit der ich nicht spielen durfte, nachdem du nicht mehr da warst.

Jahre später, als ich Mutter fragte, wie sie alle Schwierigkeiten in den Kriegstagen überstanden hat, gab sie mir eine Antwort, die mir immer wieder in den Sinn kommt und mich auch an Hände erinnert, die Künstler malten: „Ich habe gelernt, in Momenten der Not direkt mit Gott zu sprechen, ihm meine Sorgen und Ängste anzuvertrauen, aber auch meine Dankbarkeit für den Schutz meiner Kinder. Ich halte meine Hände nach oben, wie eine Schale." Nach einer Pause hatte sie hinzugefügt: „Es ist gut, wenn man vertrauen kann."
In diesem Moment beneidete ich sie. Durch heftige Schicksalsschläge im Freundeskreis, die mich sehr belasteten, war ich gerade ratlos. Wo war der gütige Gott?

Meine Zeituhr tickt leise. Mal geht sie schnell, mal überraschend langsam.
Den Sekundenzeiger übersehe ich und den Wecker habe ich abgestellt. Ebenso die automatische Umstellung auf Sommer- oder Winterzeit, denn manchmal ist für mich im tiefsten Winter Sommer, und im Sommer ist es bitterkalt. Ich erinnerte mich an Gespräche mit Bernd, der es ähnlich empfand.
Immer wieder mache ich mir bewusst, dass Momente wichtiger, bewusster, wertvoller werden. Oft will ich sie festhalten. Sie lassen sich zeitlich nicht messen. Augenblicke, die deutliche Konturen haben können – oder mich sanft streifen, wie der Sommerwind. Termindruck, der mich während meiner Berufstätigkeit viel Kraft kostete, meide ich. Genieße die Freiheit, freue mich. Meistens. Es ist eine schwierige Aufgabe, diese Erkenntnisse in die neue Lebensperspektive zu integrieren, sich dabei nicht überflüssig zu fühlen, psychisch stabil zu bleiben.
Vor ein paar Jahren schenkte mir meine Enkelin einen Zeitgutschein, liebevoll verpackt in einem kleinen Kasten. Nun ist sie erwachsen und ich bekam von ihr einen Gutschein für gemeinsame Unternehmungen. Zeit füreinander, wie kostbar!

Mein Zeitgefühl hat sich stark verändert. Ich erinnere mich an etwas, von dem ich glaubte, dass es vor kurzer Zeit geschah. Doch beim Nachprüfen bemerke ich, dass es Wochen, Monate, sogar ein Jahr und länger her war. Einige Stunden, Tage scheinen sich endlos zu dehnen, andere sind rasend schnell vorbei. Habe ich auf etwas gewartet, etwas befürchtet, auf etwas gehofft?
Ich will nicht ängstlich warten, bis die Zeit vergeht! Wie oft habe ich Minuten zwischen zwei Aktivitäten mit einer dritten Aktion ausgefüllt. Dabei habe ich Menschen warten lassen, weil ich mein Tempo falsch einschätzte und zu spät kam.
Gerade habe ich meinen Jahreskalender eingerichtet und plötzlich sind schon wieder Tage, Wochen, Monate vergangen. Die Jahre verfliegen unbemerkt.
Für einen alten Menschen ist ein Jahr nicht dasselbe wie für einen jungen. Ein Jahr für Junge heißt Zukunft. Ein Jahr für Alte heißt, kostbare kleine Schritte versuchen, mit Haltepunkten und dem Bewusstwerden, dass der Zeitvorrat schmilzt.

***

Wie gehe ich mit den Anschriften und Telefonnummern um, die ich nicht mehr benötige? Soll ich sie streichen, löschen? Ich betrachte die Namen. Erinnerungen steigen auf. Ich verweile bei farbenfrohen Bildern. Ein lustiger Film läuft vor meinem inneren Auge ab. Viel zu schnell, im Zeitraffer. Doch es gelingt mir, die Stopptaste zu drücken.
Unsere Theater-AG in der Schule. Elisabeth, Königin von England, wie sie hocherhobenen Hauptes auf Maria Stuart zugeht. Premiere. Plötzlich bekommen beide einen Lachanfall. Wir hatten unseren Text vergessen.
„Wir haben nichts mehr zu sagen, wir sind ja auch beide schon tot", sagte Königin Elisabeth schlagfertig zu mir, der Maria Stuart. Die Zuschauer klatschten, weil sie dachten, das sei unser Text.
Auch dunkle Bilder erreichen mich. Ich hatte mich in diesem Sommer mit „Königin Elisabeth" verabredet, wie in jedem Jahr.

Aber im Theaterstück auf dieser Erde spielt sie seit ein paar Wochen nicht mehr mit. Ich bin sehr traurig.
In meinem Kaleidoskop erkenne ich die Dynamik unseres Lebens und weiß, dass ein überraschender Lichtstrahl die Farben auch wieder zum Leuchten bringen wird, mich staunen lassen und versöhnen wird.
Ich blättere in meinem Telefonbüchlein weiter.
Liebe E., du hast mir in einer schwierigen Phase Eichendorffs „Aus dem Leben eines Taugenichts" geschenkt und mir den aufregenden, tröstlichen Zugang zur Literatur eröffnet! Lieber H., wir konnten unsere Liebe nicht leben, aber wir haben sie kennengelernt. Adieu, lieber U., das Leben erschien dir zu schwer ...
Als ich die Telefonnummer von Frau H. lese, werde ich sehr traurig. Vom Krankenhaus aus hatte sie mich angerufen und um einen Besuch gebeten. Ich erinnere mich, dass ich kurz überlegte, in Gedanken meine Pflichten durchging und dann entschied, Frau H. am Ende der Woche zu besuchen. Dazu kam es nicht mehr. Frau H. starb am nächsten Tag. Es tut mir unendlich leid. Ich ahnte damals nicht, wie schwer sie erkrankt war.
Wie oft denke ich in dem Raster: Erst wenn ich dies oder das erledigt habe, dann kann ich mich dem Freund, dem Menschen, zuwenden.
Auf der Fahrt über die Autobahn nach München fuhr ich stets am Wohnort einer Freundin vorbei. „Das nächste Mal mache ich den Abstecher zu dir", versprach ich immer wieder. Leider ist es auch dazu nicht mehr gekommen! Ich schiebe Begegnungen vor mir her. Aus Zeitgründen, so beruhige ich mich. Doch wie viel Zeit bleibt mir noch, um derart großzügig damit umzugehen?
„Im nächsten Jahr treffen wir uns auf der Buchmesse."
„Im Sommer sehen wir uns auf der Insel."
„Morgen rufe ich dich an!"
„Heute Abend spielen wir Schach."

So sieht unsere Zeitplanung aus. Wie sicher können wir sein, besonders jetzt im Alter, dass unsere Pläne sich erfüllen?

***

Traurig verabschiede ich mich in Gedanken erneut von den Menschen, die nun nicht mehr da sind. Es werden immer weniger Wegbegleiter, die ähnliche Erfahrungen und Erinnerungen haben. Ohne meine Freunde wird die Welt für mich ärmer. Werde ich irgendwann mehr verstorbene als lebende Freunde haben?
Einige Freundinnen sind körperlich anwesend, aber trotzdem weit entfernt durch Krankheit und Demenz. Es ist sehr traurig, das zu erleben. Ein Austausch über Vergangenes ist fast nicht mehr möglich und wird immer mehr zur Geschichte. Vieles, nicht nur in der Technik, ist fremd geworden und spielt in der Gegenwart keine Rolle. Junge Menschen können sich oft nicht vorstellen, was zur Biografie ihrer Großeltern gehört, wie deren Erlebnisraum einmal aussah, was sie geistig und emotional geprägt hat. Mit Schiefertafel und Griffel weite Wege zu Fuß zur Schule gehen, Schulspeisung, magere Graupensuppe, die als besonderes Essen galt, den Hunger zwar für kurze Zeit vertrieb, aber nur mit zugehaltener Nase schmeckte. Von Buntstiften, von Malen und Spielen nur träumen – und stattdessen mit anderen Kindern über Felder laufen und die ekligen Larven von Kartoffelkäfern sammeln.
Wer weiß noch, was ein Stopfei ist? Socken mit Löchern werden weggeworfen, vielleicht auch deshalb, weil der zweite, farblich passende, in dem Berg der Einzelsocken schon lange unauffindbar ist. An lustige und merkwürdige Telefongeschichten erinnern wir uns: In der Nachbarschaft gab es das einzige Telefon im Dorf, das man nach Voranmeldung und Wartezeiten benutzen durfte. Unvorstellbar im Zeitalter der Digitalisierung, in der schon Kinder ein Handy benutzen!

Liebe Marie,
von dir habe ich keine Telefonnummer oder E-Mail-Adresse. Du stehst nicht in meinem Telefonbuch. Ich hätte dich so gern besser kennengelernt. Wir hätten über unsere Sehnsüchte und Träume gesprochen, zusammen gelacht, geweint. Wir hätten uns gegenseitig getröstet und ermutigt, wie in den Bombennächten im alten Haus der Großmutter, wenn sich die Angst breitmachen wollte.
Liebe Marie, deine Schiefertafel mit den ersten Buchstaben, mit der du in der einklassigen Dorfschule gelernt hast, hing noch lange wie ein Bild in Omas Stube. Fasziniert schaute ich dir zu, wie du viele kleine „i" geschrieben hast, dazu laut den Spruch aufsagtest: „Rauf, runter, rauf, Pünktchen obendrauf." So konnte ich, deine kleine Schwester, das „i" ebenfalls bald schreiben.
Liebe Marie, ich denke auch an die Kartoffelfeuer, rieche die gegarten Kartoffeln. Nach der Kartoffelernte durften wir mit den Erwachsenen über den Acker zur Nachlese gehen, Kartoffeln aufsammeln, die liegen geblieben waren. Diese Kartoffeln, die meist sehr klein waren, wurden abends im Feuer auf dem Acker gegart. In meiner Erinnerung dauerte es ewig lange, bis sie gar waren und dann abkühlten, bevor wir sie essen konnten. Wie gut solche Kartoffeln schmecken, erfahren Kinder heute manchmal noch am Lagerfeuer der Pfadfinder oder im Ferienzeltlager.

Heute haben die Steinchen in meinem Kaleidoskop einen matten Schimmer.
Vielleicht sind neue hinzugekommen, die ihre Kraft erst entfalten müssen.

In der Abenddämmerung

Ich liebe die Momente, wenn sich das Tageslicht langsam zurückzieht und der Dämmerung weicht. Das Wechselspiel von Licht und Schatten, Sonne und Wolken ist mir vertraut. Ein Vorteil des Alters, diese Erfahrungen wertzuschätzen.

Wie gut ist es, fern von beruflichen Pflichten, zu verweilen, den Augenblick zu genießen, sich darüber zu freuen!

Ich erinnere mich daran, dass mich vor einigen Monaten mein Enkel fragte, was ich in meinem Leben einmal machen möchte. Ich konnte diese Frage nicht spontan beantworten. Welche unerfüllten Wünsche habe ich? Welche Aufgaben warten auf Erledigung? Was will ich heute, morgen oder in der nächsten Zeit tun? Ich erschrak, als eine Freundin im Gespräch auf diese Frage sehr deutlich, fast aggressiv erwiderte: „Nichts! Ich habe keine Aufgaben mehr. Ich habe alles getan!"

Mich beschäftigt diese Frage immer wieder. Wenn ich Bilanz ziehe, denke ich über versteckte, nicht sofort erkennbare Aufgaben nach, über die leisen Aufgaben meines Lebens.

Ich wünsche mir, dass ich mich ihrer Bearbeitung mutig stellen kann, den Lösungsweg wie bei Mathematikaufgaben verstehen lerne. Mein Enkel hatte nicht gefragt, was ich *noch* machen möchte. Er war der Ansicht, dass es ihm nicht zustand, Phasen meines Lebens als abgeschlossen zu betrachten. Er wollte wissen, welche zukünftigen „Pläne" ich hätte.

„Jeder Mensch hat eine Zukunft, unterschiedlich in Länge und Dimension, aber in ständig weiterführenden Prozessen", meinte er.

Wie dankbar bin ich für Denkanstöße durch junge Menschen, durch meine Enkelkinder, die ich sehr liebe!

Es fiel mir ein, dass ich in einer schlaflosen Nacht im Krankenhaus dachte, dass es in Ordnung sei, wenn ich jetzt Abschied nehmen müsste. Ein Kreis scheint sich zu schließen, aber das Tempo und den Zeitpunkt bestimme nicht ich. Das erinnert mich an mein Lieblingsgedicht von Rainer Maria Rilke:

Ich lebe mein Leben in wachsenden Ringen,
die sich über die Dinge ziehn.
Ich werde den letzten vielleicht nicht vollbringen,
Aber versuchen will ich ihn.
Ich kreise um Gott, um den uralten Turm,
und ich kreise jahrtausendelang;
und ich weiß noch nicht: bin ich ein Falke, ein Sturm
oder ein großer Gesang.

Morgen jährt sich der Todestag einer Freundin. Unser Freundeskreis trifft sich jedes Jahr an diesem Datum in dem Stammcafé, in dem wir immer zusammen waren. In diesem Jahr werde ich ein Foto von einer hellgelben Primel mitnehmen, die seit mehr als zehn Jahren in meinem Garten wächst. Diese Freundin hatte sie mir gegeben, als sie in ihrem Balkonkasten verblüht war. So lebt etwas von ihr bei mir weiter. Es rührt mich sehr, wenn mich jedes Jahr im Frühling diese kleine Blume wie ein Gruß überrascht. Sie erzählt mir vom Leben. Vom Tod. Auch durch unsere Treffen bleibt diese Freundin unvergessen.
In Todesanzeigen liest man, dass die Beisetzung *in aller Stille* stattgefunden hat. Für mich stellt sich die Frage, ob das der Wunsch des Verstorbenen war. Vielleicht hätten Freunde und Bekannte gern Abschied genommen. Es gibt sicherlich einige Gründe für die Hinterbliebenen, die für diese reduzierte Form sprechen. Aber wird so nicht der Tod aus dem Leben ausgesperrt? Das Abschiednehmen erschwert? Auf den Trost durch die Gemeinschaft verzichtet?

Wie und wo möchte ich beerdigt werden? Ich muss darüber nachdenken.
Aber jetzt habe ich noch Pläne und sehe Aufgaben vor mir, die ich mutig angehen will. Ich bin noch nicht lebenssatt, sondern neugierig auf das Leben.

Das Lachen des Clowns

Martins Einladung zum Essen lag auf meinem Schreibtisch. Ich freute mich darauf. Martin wollte seinen neuen Freunden zeigen, wie gut er kochen konnte. An diesem Abend lernte ich Alfreds Frau kennen und auch Britta, Jürgens langjährige Lebenspartnerin. Wir kamen sehr schnell ins Gespräch. Britta war einige Jahre jünger als Jürgen und erst seit einigen Wochen Rentnerin.
Jürgen liebte sie sehr. Er war an diesem Abend wieder der Clown, hatte sich sogar zur Gaudi aller eine rote Nase aufgesetzt. Er nahm Britta in die Arme, drehte sich mit ihr im Kreis und sang: Lache, wenn's zum Weinen nicht mehr reicht! Alle lachten.
Ich musste Britta immer wieder anschauen. Sie hatte eine besondere Ausstrahlung, die so viel Lebensfreude und Klugheit zeigte.
„Wir haben heftige Zeiten hinter uns", erzählte sie mir. „Nicht nur einmal habe ich meine Koffer gepackt!"
„Bis ich die Koffer auf den Speicher gebracht habe, in die hinterste Ecke", sagte Jürgen und küsste Britta.
„Ich arbeitete noch, während Jürgen schon Rentner war."
„Wie habe ich die Zettel gehasst, die morgens neben meiner Kaffeetasse lagen, Aufgaben für den Tag!" Jürgen nahm für einen Moment die Clownsnase ab. „Aber diese Zeit ist vorbei!"

Britta erzählte, wie schwierig es auch dann war, als beide nicht mehr arbeiteten. Sie mussten sich neu kennenlernen, ihr Für- und Miteinander über die Länge des Tages gestalten – für einen ganz normalen Tag, keinen Urlaubstag.
Doch bald waren sie froh, gemeinsam planen zu können, sich gegenseitig anzufeuern bei Antriebslosigkeit an dunklen Tagen. Gemeinsame Aktivitäten liebten sie, aber auch Freiräume. „Endlich kann ich entspannt im Chor singen und muss mich nicht unter Zeitdruck und viel zu müde zur Probe quälen!", fand Britta. „Wie schön, dass wir uns haben!" Jürgen lachte. Ein Clownslachen, das uns alle beeindruckte, das aus der Tiefe seiner Seele zu kommen schien. „Im Oktober wollen wir nach fünfundzwanzig Jahren Zusammensein heiraten!"
Wir klatschten. Martin hatte den Tisch besonders schön gedeckt und freute sich über das Lob, das er für seine Kochkünste bekam, für seine weltbeste Pizza.
Einige Wochen später: Mit zitternden Händen lege ich die Zeitung zurück auf den Tisch.
Brittas Todesanzeige steht darin. Sie ist bei einer Fahrradtour mit Jürgen in den Bergen abgestürzt und war sofort tot.
Der Clown hat sein Lachen verloren.
Er hat die Koffer vom Speicher geholt und ist gegangen.
Wohin? Niemand weiß es.
Ich treffe Martin beim Laufen durch den Park.
Wir umarmen uns stumm.

Was bleibt

Der kleine rote Peugeot hält nicht mehr bei meiner Nachbarin. Zweimal am Tag kam er, auch sonntags. Ich konnte die Uhr danach stellen. Morgens 8 Uhr, abends 18 Uhr. Eine junge Frau,

manchmal ein junger Mann, besuchten die Nachbarin, blieben etwa 15 Minuten.
Nun kommt der Pflegedienst nicht mehr.
Wenige Tage später steht ein Lieferwagen vor der Tür.
Die Wohnung der alten Dame wird ausgeräumt, entrümpelt. Ihre beiden Töchter dirigieren die Sachen: in den Müllcontainer, für den Sperrmüll oder die Mitnahme zum Verkauf.
„Unsere Mutter ist im Pflegeheim", erklärt eine der Töchter.
Ich hatte meine Nachbarin manchmal besucht, als sie nicht bettlägerig war und noch Besuch haben wollte. Wir tranken Tee aus den kleinen weißen Teetassen, die sie vorsichtig vor uns hinstellte, und die Teekanne daneben auf das Messing-Stövchen. Die silbernen Löffel zum Umrühren des Kandiszuckers glänzten. Aus der antiken Dose aus Meißner Porzellan nahm sie einige Kekse und legte sie in eine kostbare Schale. Die alte Dame wirkte zerbrechlich wie eine Porzellanpuppe.
„Das Teegeschirr stammt noch von meiner Mutter", sagte sie.
Und wieder erschrak ich, weil sie eine so energische, kräftige Stimme hatte, die man nicht vermutete.
„Leider wollen meine Kinder weder das Silber noch das alte Geschirr später einmal haben und schon gar nicht meine antiken Möbel. Schade, ich hab alles so sorgfältig gepflegt, damit sie sich einmal darüber freuen sollen. ‚Wir haben moderne Sachen und keinen Platz für deine Heiligtümer', haben sie gesagt."
Die alte Dame saß in ihrem Sessel, dem Lieblingssessel. Der Stoff war ziemlich zerschlissen, der Sitz hatte tiefe Kuhlen. Sie lehnte ihren Kopf zurück, lächelte. „Dies ist mein wirkliches Zuhause." Mit ihren zartgliedrigen Händen strich sie über die Armlehnen. „Hier kann ich traurig sein, fröhlich, fühle mich geborgen. Ein Platz zum Nachdenken über Gott, über meinen Abschied aus dieser Welt."
Jetzt klang ihre Stimme weich und passte zu ihrer äußeren Erscheinung. Ich blickte zu einem Foto an der Wand. Der nachdenkliche alte Herr hatte die Stirn in Falten gelegt.

Als ich von meinem Küchenfenster aus sehe, wie der alte Sessel zum Sperrmüll gestellt wird, laufe ich hinaus.
„Das ist der Lieblingssessel Ihrer Mutter, den braucht sie doch!“, schreie ich fast in die erstaunten Gesichter der jungen Frauen.
„Nein, nein, wir haben ihr einen neuen, modernen gekauft, der steht schon in ihrem Zimmer.“
Ich schlucke und beschließe, ihr den Sessel zu bringen.

„Kann ich bitte den Sessel haben?“, frage ich.
Die beiden jungen Frauen sehen mich überrascht an, nicken dann.
Die alte Frau ist sentimental oder spinnt, denken sie wahrscheinlich.
Ich lasse den Sessel in meinen Keller bringen, denn in meiner Wohnung steht schon mein eigener alter Sessel.
Die alte Dame hat ihren Lieblingssessel nicht mehr bekommen.
Sie brauchte ihn nicht mehr – den modernen auch nicht. Nun müssen meine Kinder irgendwann zwei Sessel entsorgen.

Liebe Marie,
wo mag Omas alte Fußbank hingekommen sein, um die wir uns oft gestritten haben? Wir durften dort sitzen und Oma beim Strümpfestricken zuschauen. Später gehörte mir die Fußbank allein. Oft saß ich da, traurig, weil du nicht mehr da warst. Ich lernte stricken, strengte mich an, weil meine Tafellappen zur Einschulung fertig sein sollten.

Was bleibt von all den Dingen, die einmal von Bedeutung waren, die ohne uns aber wertlos sind? Was soll bleiben? Muss etwas bleiben?
Das Silberbesteck, das über Generationen vererbt wurde und heute von jungen Menschen als unpraktisch abgelehnt wird? Meine vielen Bücher, Kinderbücher, Briefe und die Postkarten aus vielen Ländern der Erde? Vielleicht bleiben die kostbaren Stunden und Minuten der Nähe beim Vorlesen und Erzählen in der Erinnerung

meiner Kinder erhalten, auch wenn die Bücher längst in Kisten oder auf Trödelmärkten verschwunden sind.
Ich stehe auf dem Balkon, blicke in den Park. Irgendwann wird ein anderer Mensch hier stehen, die Buchen bewundern, den Eichhörnchen zuschauen, sich über Jugendliche aufregen, die herumschreien, mit Bierflaschen in den Händen. Vielleicht den einsamen Jungen entdecken, der gedankenverloren auf der Kleinkinderschaukel hin- und herschwingt.
Der Container meiner Nachbarin, wohlsortierter Abfall, wird entsorgt. Wenn ich hinüberschaue zu ihrem Fenster, spüre ich etwas von ihrer Warmherzigkeit, ihrer Menschenfreundlichkeit. Ich bin dankbar, dass ich ihr begegnet bin.

Liebe Marie,
ich sitze in meinem Sessel und blättere in unserem Märchenbuch. Zaghafte Bleistiftstriche finde ich auf einigen Seiten. Wer hat die Spuren dort hinterlassen?
An der Wand hängt der Druck eines Gemäldes von Adolph Menzel. Die Schwester des Malers schaut um die Ecke in mein Zimmer. Im Glasschrank stehen kleine Flaschen für Essig und Öl aus dem 19. Jahrhundert neben einer kleinen goldenen Tasse. Lange Geschichten könnten sie erzählen. Alles ist kostbar, wertvoll, schön und alt.
Die zierliche alte Frau auf dem Foto an der Wand, eingehüllt in einen warmen Wintermantel, das Kopftuch unter dem Kinn gebunden, die Einkaufstasche am Arm, scheint in diesem Moment zu lächeln. Welche Träume hatte sie? Welche Fragen an das Leben?
Marie, wir hätten sie in unsere Mitte genommen und wären mit ihr zum Ende des Regenbogens gelaufen!

Kristalle meines Kaleidoskops strahlen und schenken mir unbeschreibliche Lichtblicke.

Um solche Augenblicke wahrzunehmen, müssen wir unsere Brillen abnehmen, auch die Lesebrillen, und die Augen offenhalten. Hörgeräte sollten wir ausschalten, dennoch auf leise Töne achten. Du hättest mit mir die Zwillinge im Kinderwagen entdeckt, als einer der beiden herzzerreißend weinte und der andere seinen Schnuller aus dem Mund nahm, seinem Geschwisterchen in den Mund schob und beide lächelten.
Du hättest meine vierzehnjährige Enkelin gesehen, die mit ausgestreckten Armen, jubelnd, voller Lebensfreude in die Wiese sprang.
Wir hätten wahrgenommen, wie die sehr alte Dame errötete, als ihr der hochbetagte Mann etwas ins Ohr flüsterte.

Abschiednehmen

Älterwerden heißt auch Abschiednehmen. Abschied von Menschen, die wir lieben, die wir verehren.
Früher habe ich Großmutter und Mutter belächelt, wenn sie Todesanzeigen lasen. Nun tue ich es auch. Immer mehr Bekannte und Freunde sind in letzter Zeit gestorben. Mit Herzklopfen öffne ich die Briefe mit schwarzem Rand, die ich aus meinem Briefkasten nehme.
Ich vermisse vertraute Menschen, die unbekümmerten Treffen mit ihnen. Wie sehr bereue ich, dass die vielen versprochenen Begegnungen nicht stattfanden und nicht mehr stattfinden können. Manchmal endet eine Freundschaft schon zu Lebzeiten – ein Abschied, der wehtun kann. Unterschiedliche Lebensentwürfe, veränderte Wertvorstellungen und konträre Erfahrungen können dazu beitragen, dass eine positive persönliche und gemeinsame Weiterentwicklung nicht möglich ist. Ein Abschied kann achtsam, muss nicht zerstörerisch sein. Verletzungen hinterlassen Narben.

Wie kostbar die gemeinsame Zeit war, kann man manchmal erst im Nachhinein erkennen.
Im Abschied von Gewohnheiten, von Ritualen, von der Berufstätigkeit liegt schon das Neue, das tröstet und Kraftreserven für unbekannte Herausforderungen mobilisiert.
Und jedem Anfang wohnt ein Zauber inne, der uns beschützt und der uns hilft, zu leben, wie es Hermann Hesse in seinem Gedicht „Stufen" beschreibt.
Einmal in der Woche durch den Park laufen und auf meiner Bank ausruhen: Das war für mich zu einem Ritual geworden.
Heute muss ich mein Gefühlschaos sortieren, bearbeiten. Hinrich fehlt mir sehr. Er ist gestorben.
Ein Freund hat mich benachrichtigt und zur Trauerfeier eingeladen.
Hinrich wollte doch seinem Körper gut zureden, noch ein bisschen durchzuhalten, denke ich. Doch dann war er einfach nicht mehr aufgewacht.
Der Tod ist eine Durchgangsphase, hatte Hinrich gesagt. Ich hoffe, dass es mir gelingt, offen und frei, ohne Angst, auf den Tod zu warten.
Habe ich all meine Aufgaben erfüllt? Diese Frage hat ihn sehr beschäftigt. Die Antwort darauf werde ich vielleicht später bekommen, meinte er.
Ich liebe diese kühlen Sommerabende, die nach der Tageshitze ein Durchatmen ermöglichen. An diesem Abend nehme ich erneut Abschied von meinem alten Freund. Ich streiche über die kleine Kinder-Mundharmonika in meiner Hand.
„Gibt es einen Gegenstand, der dich dein Leben lang begleitet hat?", hatte Ben den alten Mann gefragt. Hinrich musste gar nicht lange nachdenken. Hinter einem Buch zog er die Mundharmonika hervor.
„Ich kann mich nicht erinnern, dass ich sie bewusst verwahrt habe. Ich habe sie aber auch nicht ‚entsorgt'. Sie taucht nicht in

meinen Büchern auf, aber immer mal bei meinen Büchern", sagte Hinrich. „Als ich ein kleiner Junge war, hat sie mir geholfen, meine Gefühle ins Gleichgewicht zu bringen. Musik berührt eine Ebene, die Worte nicht erreichen können. Daran erinnere ich mich, wenn ich dieses kleine Ding in die Hand nehme oder krächzende Töne damit produziere."
Hinrichs Mundharmonika hatte ich mir als Andenken an ihn gewünscht.

Liebe Marie,
ein Gegenstand kann Erinnerungswelten öffnen, so dachte ich, als ich in Mutters Nachlass meine Puppenschuhe fand, die Oma genäht hatte. Ein Muster für Kinderhausschuhe. An Regentagen, wenn wir Langeweile hatten, durften wir in dem Korb mit Stoffresten, Litzen und Bändern wühlen und uns das Material für neue Hausschuhe aussuchen. Fasziniert, manchmal ungeduldig sahen wir zu, wie unsere neuen Hausschuhe entstanden. Sehr stolz waren wir, wenn Großmutter uns erlaubte, ihr beim Nähen zu helfen. Abends stellten wir die neuen Schuhe vor unsere Betten. Wir freuten uns auf den nächsten Tag, dann würden wir damit über den Flurboden rutschen.

Leise Töne

Rasch wechselnde Farben, begleitet von leisen Tönen einer Mundharmonika, fliegen an mir vorbei. Ich halte mir die Augen zu, wie ein Kind, das glaubt, nicht gesehen zu werden, wenn es selbst nichts sieht.
„Es reicht!" Die 98-jährige alte Dame ist verzweifelt. „Gott hat mich vergessen! Die Welt ist arm geworden ohne meine Freun-

de. Warum bin ich übrig geblieben? Warum? Ich will nicht mehr!“
„Als Pflegekraft hat man immer das Gefühl, ‚etwas machen‘ zu müssen“, sagte Anne, die pflegebedürftige alte Menschen betreut. „Aktiv zuhören ist der Schlüssel im Umgang miteinander. Das habe ich durch alte Menschen gelernt, die mir Momente überraschender Nähe schenkten. Vielleicht lässt sich so Empathie und Sensibilität für die jeweilige Lebensgeschichte entwickeln.“
Aktiv zuhören. Hinhören, Zwischentöne wahrnehmen, eine nonverbale Verbindung, die nicht durch wohlmeinende Ratschläge gestört wird. Im Umgang mit Kindern, aber auch bei der Sorge um das Wohlergehen der alten Eltern. Eine Abwehr der Überversorgung, das Gefühl, fremdbestimmt zu sein, kann zu aggressiv erscheinendem Verhalten führen. Es muss nicht immer nach Lösungen gesucht werden. Viele Fragen, auch unsere Fragen im Alter, erwarten gar keine Antworten, aber achtsame Nähe, achtsame Zuhörer.

Öffentliche Diskussionen über Selbsttötung und legale Hilfsmöglichkeiten, nicht nur bei Schwerstkranken, sondern auch bei lebensmüden Menschen, erschrecken mich! Es wird oft so dargestellt, als sei Lebensmüdigkeit unvermeidlich und verständlich im Alter. Es besteht die Gefahr, dass sich manchen alten Menschen der Gedanke aufdrängt, die Gesellschaft erwarte geradezu eine Selbsttötung ab einem bestimmten Alter.
In einer Kolumne las ich die Geschichte einer alten Frau, die von der Befürchtung schrieb, dass wir Alten demnächst von irgendwoher ein Briefchen zugeschickt bekommen, mit einer Pille und dem dezenten Hinweis ...
Sollten wir Alten nicht einen beschwichtigenden Nachsatz vom Autor der Kolumne erwarten dürfen?
Die gesellschaftliche Diskussion über die Hilfe zur Selbsttötung macht mich ratlos. Ich hoffe, dass die Hilfe zum Leben und die Be-

gleitung am Lebensende einen besonderen Stellenwert behalten werden. Ich hoffe, dass assistierter Suizid keine Option neben vielen anderen sein wird, sondern als Sonderfall betrachtet bleibt, ausschließlich eine Gewissensentscheidung einzelner Menschen in einer extremen Notlage.

„Wie kann ich die alte Frau trösten, die sich verlassen fühlt ohne ihre Freunde? Wie kann ich ihr zeigen, dass mich die Begegnung mit ihr reich macht?“, fragte Anne. „Kann ich ihr sagen, dass ich Angst davor habe, sie zu verlieren, weil sie für mich ein Stück Familie bedeutet? Ich fand keine Worte und habe sie einfach nur in den Arm genommen.“

Anne seufzte und erinnerte sich an schöne Tage, Stunden, die sie miteinander erlebt hatten.

„Aber es gab Zeiten, in denen ich mir wünschte, niemals so alt zu werden. Die Veränderung der Persönlichkeit zu erleben, mit verzweifelten Ängsten oder voller Aggressionen ... Hoffentlich werde ich altersmilde, wie mein Vater.“ Anne lachte. „Erinnere mich daran, falls ich es vergessen sollte.“

„Ich hoffe, dass ich dann einen Menschen in meiner Nähe habe, der mich einfach nur in den Arm nimmt“, sagte ich.

Liebe Marie,

ich erinnere mich an einen Tag, als ich mit Oma am Küchenfenster stand und sie auf die Häuser in der Nachbarschaft zeigte.

„Alle Alten, die dort gelebt haben, sind tot. Nun bin ich an der Reihe.“

Als Kind erschrak ich sehr. Heute erinnere ich mich an die Gelassenheit, an die Selbstverständlichkeit, mit der sie über den Tod sprach.

Nach Hinrichs Tod war es Martins Idee gewesen, dass wir uns regelmäßig zu kleinen Ausflügen, zum Essen, zu intensivem Gedankenaustausch treffen. *Solange wir es noch können,* hatte Martin sehr leise bei einem Telefonat gesagt.

Den Mittwoch haben wir nun von anderen Aktivitäten frei gehalten und für unsere Treffen reserviert. Ich stellte bald fest, dass diese Treffen immer mehr an Bedeutung für mich gewannen und ich mich auf Martin freute. Rituale strukturieren unser Leben auch im Alter, das wussten wir ja. Nur unser Zeitgefühl spielte uns dabei manchmal einen Streich: Welcher Tag ist heute?

Martin und ich lernten uns immer besser kennen, sodass sich eine Vertrauensebene entwickelte. Ich schätzte Martins Hilfsbereitschaft und seine positive Einstellung zum Leben, geprägt durch einen für mich fremden Erfahrungshintergrund.

Als ich Martin heute traf, wirkte er verändert. Seine fröhliche Begrüßung fehlte mir. Er deutete an, dass er sich mit vielen unterschiedlichen Fragen beschäftige.

Martin hatte einige Tage zuvor an der Trauerfeier für einen ehemaligen Kollegen teilgenommen, die in einem Friedwald stattgefunden hatte. Er berichtete von dem Abschiedsschmerz der Angehörigen, von der Musik, die digital übertragen wurde. Die Ansprache des Trauerredners enthielt kleine Anekdoten aus dem Leben des Verstorbenen. Sie trugen zur Entspannung der Atmosphäre bei und lenkten den Blick auf die Sonnenblumen neben der Urne.

„Plötzlich wurde mir bewusst, dass ich diese Feier wie ein Schauspiel empfand, bei dem ich Zuschauer war“, sagte Martin.

„Anonym im Wald bestattet zu werden, ohne den Freunden und Verwandten einen Ort zu geben, den sie aufsuchen, an dem sie an den Verstorbenen denken, trauern, Abschied nehmen können?“ Martin sah mich fragend an.

„Der Bruder des Verstorbenen dagegen sagte mir, dass er nicht anonym beerdigt werden möchte, sondern auf einem Friedhof, einem Ort, der in unserer hektischen Zeit Frieden bedeutet. Er berichtete von der langen, ergebnislosen Suche nach dem Grab

seines Vaters, der im Krieg irgendwo verschollen war."
Wir gingen eine Zeit lang schweigend nebeneinanderher.
„Plötzlich verlor ich meine Zuschauerrolle", sagte Martin. „Ein kleiner Vogel, dessen Namen ich nicht kenne, ließ sich vor uns auf dem Zweig des Holunderstrauchs nieder. Er blieb still sitzen und schaute die Trauernden aufmerksam an. Als er hinaufflog, in die Stille des Waldes, ahnte ich, woher der Friedwald seinen Namen hat."
An dem anschließenden Essen nahm Martin nicht teil. Auch den Kontakt zu ehemaligen Kollegen und Kolleginnen, die bei der Trauerfeier anwesend waren, wollte Martin nicht wieder aufnehmen.
„Eine Beerdigung führt uns immer wieder die Endlichkeit unseres persönlichen Lebens vor Augen", überlegte Martin. „Ich habe keine Verwandten, die sich um mein Grab kümmern könnten, so werde ich mich vielleicht doch in einem Friedwald beerdigen lassen. Einige Freunde beschäftigen sich ebenfalls gerade mit dieser Frage. Bernd möchte im Grab seiner Frau beigesetzt werden. Alfred will seine Kinder, die weit entfernt von ihm leben, nicht mit der Grabpflege belasten. Und du?", fragte er mich.
Mit dieser Frage unvermittelt konfrontiert zu sein, überforderte mich zu diesem Zeitpunkt. Martin schien keine Antwort zu erwarten.
Unter einem Baum?

Der Sommer endet

Liebe Marie,
heute wäre dein Geburtstag, Schneeweißchen.
Heute kann ich bei der Buche im Park neben meiner Wohnung ruhig und gelassen den Tag erwarten. Setz dich zu mir, Marie.
Meine Reise ist noch nicht zu Ende.

Manchmal kommt es mir so vor, als sei das Ziel in unmittelbarer Nähe, dann wieder weit entfernt.
„Die Fahrt geht weiter. Komm, steig ein!“, sagt mein *Alter-Freund*, lacht und reicht mir die Hand.
Zuversichtlich und immer noch neugierig folge ich seiner Aufforderung.
Ich begebe mich auf die Plattform des alten Personenzugs, lasse mir den Fahrtwind durch die Haare wehen wie in unserer Kindheit, blinzle.
Die Lok pfeift, Qualm steigt auf, die Räder spielen ihr wiederkehrendes Lied. Ich schaue mich um, blicke zur gegenüberliegenden Seite. Mit Abstand betrachtet, erscheinen vertraute Bereiche fremd. Unbekannte Geräusche irritieren mich.
„Wir nähern uns der Grenze!“, ruft der Zugbegleiter.
Plötzlich bleibt der alte Zug mit einem Ruck stehen. Ich wundere mich. Hier ist doch keine Haltestelle, denke ich und steige aus. Zwischenstation?
Ich schnüre meine Schuhe. Der Weg vor mir zeigt keine Unebenheiten. Er scheint gepflastert zu sein und führt bergauf.

Marie, geh noch ein Stück mit.
Juni. Der Sommer unserer Kindheit, Marie.
Blühende Hortensien, Phlox und Geranien machen sich in den Gärten und auf Fensterbänken breit. Büsche von Rhododendren in Rot und Lila wirken in ihrer Dominanz aufdringlich auf mich.
Wir legen die Kolter ins Gras und uns nackt darauf. Wir blinzeln in die Sonne, kichern und hoffen auf den Sommerregen, weil er jedes kleine Kind groß werden lässt, so hat Tante Anneliese gesagt.
Wäsche trocknet auf der Leine. Der Wind bläht unsere Lieblingskopfkissen auf.
Die Schönheit der Farben, Licht, Wärme, lassen uns wün-

schen, dass dieser Sommer nie zu Ende gehen möge.

Aber bald drohte ein Gewitter, Regenwolken verwandelten den Himmel in unwirkliches Licht. Blitzschnell gezeichnete Spuren beendeten ein beängstigendes Schauspiel mit einem Donnerschlag.
Der Winter wurde bitterkalt.
Unsere geliebten Gartenvögel hatten sich in den Süden aufgemacht oder warteten in kleinen Verstecken auf unsere Hilfe, um zu überleben. In meiner Erinnerung breitete sich Stille aus. Die eisige Kälte ließ alles Lebende erstarren.
Die Erwachsenen hatten Schneeweißchen ein wunderschönes weißes Kleid angezogen. Sie hatten Blumen zu einem Kränzchen gebunden und es ihr um den Kopf gelegt.
Du siehst so schön aus wie unser Lieblingsengel im Märchenbuch, dachte Rosenrot. Aber warum liegst du so still da und sagst nichts?
Alle Nachbarinnen kamen, wollten Abschied nehmen, betrachteten Schneeweißchen, weinten, beteten. Und gingen wieder, so leise, wie sie gekommen waren.
Rosenrot war, wie so oft, hinter dem schweren Vorhang an der Tür unsichtbar.
Doch plötzlich wurde es wieder laut auf dem Flur.
Ein Fotograf erschien und stellte seine Kamera auf einen Ständer.
Er verbarg seinen Kopf unter einem schwarzen Tuch.
Was macht der da?, dachte Rosenrot und zitterte vor Angst. Ein Blitz, gefolgt von einem lauten Knall, ließ Rosenrot aufschreien.
Jetzt ist Schneeweißchen tot, dachte Rosenrot.

Später,
am Abend, beruhigte sie sich.
Mutter
wiegte sie auf dem Schoß,

summte leise ein Schlaflied.
Die alte Wanduhr in der Wohnstube
schlug jede halbe Stunde.
Sie hörte einfach nicht auf
zu gehen.
Oma
öffnete das Fenster,
blickte zu den winterkahlen Bäumen.
In diesem Jahr
werden wir lange auf den Frühling warten, sagte sie.

Liebe Marie,
du hast mich begleitet, durch dichten Verkehr, über Schotterwege, frisch geteerte Straßen, über einen Kartoffelacker und ruhige Waldwege. Du warst mir nahe und bist doch fremd geblieben. Ich danke dir für Momente, die Erinnerungen, Trauer und Hoffnung möglich machten.
Ein kostbarer Schatz.
Ein Schatz, von dem ich weiß, dass er bleibt, was er ist: unberührbar.

Gefühle – Gedanken

Herbst-zeitlos

Es gibt ein Wort, das in meiner Familie für kurze Zeit unerwünscht ist. Daran halten sich, manchmal lächelnd, sogar die jüngeren Familienmitglieder. Sie wissen, dass mich das Wort am Ende des Sommers meist traurig macht. Dann möchte ich das Leben anhalten wie einen Film.
HERBST. Wenn sich der Spätsommer mit Sturm, Regen und Kälte verabschiedet und irgendjemand sagt: *Es riecht schon nach Herbst!,* Dann merke ich, wie ich bei dieser Bemerkung traurig, wehmütig werde, manchmal aber auch wütend.
Ein Gefühl des Abschieds überflutet mich. Ein Bild drängt sich mir auf. Du stehst auf dem Bahnsteig und winkst dem abfahrenden Zug nach, der immer mehr an Fahrt gewinnt. Du läufst ein paar Schritte nebenher und kannst deine Lieben nicht mehr sehen und schon gar nicht festhalten.
Ich will es einfach nicht wahrhaben, dass mein Sommer vorbei ist, dass die Kraft der Sonne nachlässt, die Tage kürzer werden und mir wieder einmal bewusst wird, dass die Lebensstrecke endlich ist.

Aber der Sommer wohnt in mir! Mit all seinen Farben, dem Licht, der Wärme, dem erfrischenden Gewitter und der Klarheit nach dem Sommerregen.
Ich bewahre dankbar den Reichtum des Sommers in meinem Lebensbilderbuch. So kann ich im Winter darin blättern und eisige Kälte schadlos überstehen.

Auch in diesem Jahr ist mir der Herbst wieder viel zu früh begegnet. Ich zögere, nehme Abschied vom Sommer und reiche dem Herbst zaghaft die Hand. Doch bald schon bewundere ich seine Schönheit, seine Farbigkeit, seine Naturgewalten.

Meine Welt ist bunt. Mein Kaleidoskop schenkt mir durch eine leichte Drehung immer wieder neue faszinierende Bilder voller Überraschungen. Einige Steinchen sind blass, einige haben dunkle Farben. Aber schon bald entwickeln sie eine unbeschreibliche Leuchtkraft, die mich erstaunt und froh macht.
Es gelingt mir wieder, neugierig zu werden auf das, was vor mir liegt – und dabei Vergangenes neu zu betrachten.

***

Bei meinen Überlegungen begegnen mir immer wieder die Erinnerungen an meine Kindheit, an das Haus meiner Großmutter, an meine Schwester Marie.
Die Erinnerung an einen sonnigen Herbsttag: Zwei kleine Mädchen laufen auf den großen Kirchplatz, um Kastanien zu sammeln. Großmutter zeigt den beiden, wie sie mit Kastanien und Streichhölzern basteln können. „Messer, Gabel, Schere, Licht, dürfen kleine Kinder nicht!“, sagt sie lächelnd, aber mit erhobenem Zeigefinger.

Weißt du noch, Marie?
Wir haben uns mit den kleinen Kastanienfiguren Theaterstücke ausgedacht und den Erwachsenen vorgespielt. Die Erwachsenen, das waren Mutter, Tante Anna, Tante Kathrin und die Nachbarin Lisbeth. Vater und die Männer der Familie waren im Krieg, und Opa war schon tot. Mutter hatte einen kleinen Königskuchen gebacken, und so wurde es ein richtiges Herbstfest.
Du hast Eintritt verlangt: Ein besonders schönes Herbstblatt musste jeder mitbringen. Damit haben wir dann die Stube geschmückt.
Später veranstalteten wir solche Treffen in verschiedenen Variationen. Oma nannte es „feiern“.
Wo sie die Kekse versteckt hatte, die sie dann plötzlich herbeiholte, haben wir nie herausgefunden.

Der kleine Teufel Arthrose

Wenn sich morgens nach dem Aufstehen wieder einmal der kleine Teufel Arthrose in meinen Gelenken bemerkbar macht und mir vom Alter erzählt, mich zwickt, dann brauch ich Trost. Ein Schreckgespenst des Alters sollte sich bei mir nicht einschleichen!
Einmal habe ich Vorsätze für mein Älterwerden mit einem dicken Filzstift auf einen Zettel geschrieben und an den Badezimmerspiegel geklebt. So war für Faltenbetrachtungen kein Platz mehr. Stattdessen: selbstbestimmt in den Tag leben, neue Aktivitäten ausprobieren, sich einmischen in gesellschaftliche Gegebenheiten, Freundschaften pflegen, verweilen. Freiheit! Dankbarkeit für den neuen Tag.
Wer hat mit Lippenstift ein kleines rotes Herz dazugemalt? Gehe ich vertrauensvoll und neugierig auf das Neue zu?, prüfe ich wieder einmal, oder bin ich ängstlich und ungeduldig? Schnell ermahne ich mich zu Gelassenheit. Ich ziehe meine Laufschuhe an, greife meine Walkingstöcke, laufe los, klingle bei den Freunden am Ende der Straße und motiviere sie, mit mir durch den Wald zu walken.

Respekt und Achtung

Bei dem Blick in mein Kaleidoskop wechseln heute strahlende Kristalle in leuchtenden Farben ihre Position mit matten Steinen, die auf Leuchtkraft erst warten. Überraschende Farbspiele, die nicht voraussehbar sind.

Warum schrecken mich einige Erlebnisse und Begegnungen nachhaltig auf und hinterlassen ein Gedanken- und Gefühlschaos? Steht auf meiner Stirn groß „70+“ geschrieben? Und was bedeutet das?

Mit einem geschwollenen Fuß saß ich beim Arzt. Meine Tochter hatte mich begleitet, da ich nicht Auto fahren konnte. Der Arzt nahm nicht einmal Blickkontakt zu mir auf, sondern erklärte meiner Tochter die Behandlungsmöglichkeiten meiner Verletzung. Ich musste ihn darauf hinweisen, dass ich die Patientin war. In einer anderen Praxis wurde ich von einer Mitarbeiterin mit einem sogenannten „Test“ überrumpelt, ohne Anlass, ohne Erklärung, der angeblich allen Patienten über siebzig vorgelegt würde. Mein Nachfragen bei dem Arzt endete damit, dass ich mir einen anderen Arzt suchte. Seine Einstellung zu alten Menschen verletzte mich tief, war für mich diskriminierend und würdelos. Wochenlang belastete mich dieser Besuch. Wir möchten doch im Alter ebenso achtsam und respektvoll behandelt werden wie in jüngeren Jahren!

An diesem Tag nahm ich mir vor, mich weiterhin mit kräftigen Schritten auf dem Weg des Älterwerdens zu bewegen, ohne Irritationen, die man gemeinhin mit Altersangaben verbindet. Wie lässt sich das Älterwerden in unsere Lebenswelt integrieren, überlegte ich. Ältere Menschen müssen ihren Ort in unserer Gesellschaft haben. Ich möchte meinen Platz dabei nicht ständig verteidigen müssen!
Vormittags prägen ältere Menschen das Stadtbild. Rollatoren fallen kaum noch auf, so häufig begegnet man ihnen. Man trifft auf kleine fröhliche Männerrunden in Straßencafés, auf Ältere beim Einkaufen. Im Gebäude der Volkshochschule begegnet man den jungen Alten, die Sport absolvieren und Fremdsprachen erlernen wollen. Solche Beispiele machen Mut.

Ich glaube, dass der besondere Wert dieser Lebensphase darin liegt, dankbar zurückzuschauen, vielleicht Vergangenem nachzutrauern, aber neue Erfahrungen zuzulassen. Körperliche Grenzen können einsam machen. Können sie nicht auch eine neue Beziehungsqualität schaffen, in der wir Solidarität und Kooperation üben?

***

Immer wieder stellt sich mir die Frage: Wie wird es mir ergehen, wenn ich noch älter geworden bin, auf Hilfe und Betreuung angewiesen sein werde? Werde ich mich wiederfinden in der Vorurteilsschublade der Alten, Entmündigten? Oder kann ich auf Achtung und Akzeptanz hoffen? Habe ich dann jemanden zur Seite, der mir hilft, mich gegen mangelnden Respekt zu wehren? Solche Fragen und Ungewissheiten machen mir Angst. Zum Glück sagte eines Tages mein kleiner Enkel zu mir: „Ich helfe dir! Von der Erde bis zum Himmel, damit du nicht wie unsere alte Nachbarin auf der Straße hin und her laufen musst!“ Er blies dabei die Backen auf, schaute kämpferisch, als hätte man ihm sein Lieblingsauto weggenommen, und ballte die Fäuste.
An diesem Tag begannen einige Steine meines Kaleidoskops zu glänzen. Der Tag wurde hell.

Daseinsberechtigung

Mein Garten steht in voller Pracht. Der Kirschbaum trägt viele Früchte, um die sich ein paar Ringeltauben streiten. Die Magnolie strahlt in sattem Grün. Sie gibt ihre Äste frei zum Klettern für meine Kleinen.
Der alte Birnbaum hat sich ein dickes Efeukleid zugelegt und kämpft um Daseinsberechtigung. Mein Vermieter meint, der

Baum sei zu alt, er müsste „umgehauen“ werden, weil er unnütz sei und sowieso keine Früchte mehr trage.
Aber im Frühling schickte mein alter Birnbaum noch einmal viele Blüten in leuchtendem Weiß zu uns. Zur Freude der vielen Gäste, die Wohnung, Nahrung und Lebendigkeit bei ihm finden. Jetzt im Herbst hängen einige kleine harte Birnen an den Zweigen. Wie zur Erinnerung an Vergangenes.

Ich liebe die leise Stunde, wenn der Tag verblasst und die Sträucher und Bäume sich schemenhaft zurückziehen. In der Abenddämmerung gelingt es mir manchmal, einen gedankenfreien Raum zu betreten, belohnt mit dem Gefühl von Freisein. Einfach sein. Die unglaubliche Fülle der Leere spüren. Ich atme tief ein, versuche dankbar, den Augenblick einzusaugen, denn ich weiß, dass ich nur noch kurze Zeit hier leben werde. Meine Bewerbung für eine Wohnung in der Altenwohnanlage wird gerade bearbeitet.
Ein Martinshorn holt mich zurück. Schrill zerreißt es die Abendstille. Der Notarztwagen rast vorbei. Nun bin ich wieder in der Wirklichkeit, vor der ich heute Abend geflohen war. Wie gut, dass der Notarzt nicht zu mir kommen musste!

***

Bald darauf liegt der Umzug in meinen neuen Lebensbereich hinter mir. Und der Abschied: von vielen Jahren der Vertrautheit mit Nachbarn. Abschied von den Geräuschen und Bildern des Wohnviertels. Es war auch ein Abschied von Plätzen und Wegen einsamer Spaziergänge zur Begrüßung der Morgensonne und tiefer Ruhe in der Abenddämmerung.
Jetzt sitze ich in meinem Lieblingssessel auf dem Balkon. Es ist etwas kühl, deshalb habe ich mir schnell die Kuscheldecke geholt, die mir meine Tochter geschenkt hat.
Der Blick in den Park tut gut. Zum Glück habe ich diese Wohnung in der Altenwohnanlage erwischt! So gelingt es mir, meinen Garten nicht zu sehr zu vermissen.

Ich bin froh, dass die Gartenarbeit wegfällt. Sie war zuletzt sehr anstrengend für mich. Rücken und Knie streikten immer mehr. Das rufe ich mir in Erinnerung, sobald mich Heimweh packen will. Gemüse und Kräuter kaufe ich auf dem Markt in der Stadt.

In den nächsten Tagen werde ich die Umgebung erkunden. Neuerdings habe ich Herzklopfen, wenn ich in mein Auto steige. Wie elegant bin ich immer in Parklücken gefahren! Damit habe ich jetzt Schwierigkeiten. Parkplätze sind eng, wenn man überhaupt welche findet. Es fällt mir auch schwerer als früher, mich in der fremden Stadt zu orientieren, vor allem bei Dunkelheit. Dann fahre ich auch nicht mehr gern auf der Autobahn. Die vielen Lichter irritieren mich. Und das Fahren strengt an.
Georg, mein Lebenspartner, ist nie gern Auto gefahren. Nun ist er schon fast dreißig Jahre tot. Ich vermisse ihn sehr. Seine spontanen Ideen, seinen Humor, sein herzhaftes Lachen. Oft hat er mich auf die Sonnenseite der Straße gelockt.

Doch ich will es auch allein schaffen, das Leben. Die letzte Wegstrecke. Ohne Auto kann ich es mir jetzt noch nicht vorstellen. Angebunden zu sein, nicht mehr schnell irgendwohin zu sausen, wenn mir die Decke auf den Kopf fällt, das stelle ich mir schwierig vor.
Auf jeden Fall habe ich mir schon einen knallroten Trolley mit schwarzen Punkten gekauft, falls ich meine Einkäufe demnächst zu Fuß erledigen und schleppen muss. Dann werde ich eben wie ein dicker Marienkäfer herumlaufen und vom Fliegen träumen!

Marie,
ich stelle mir vor, wir würden es gemeinsam machen.

Trauer und Einsamkeit

Es war so ein Abend, an dem der Himmel über uns wie ein Gemälde aussah. Ein Augenblick unbeschreiblicher Schönheit, den ich festhalten wollte, um ihn mit meinem Freund Bernhard zu teilen. Bernhard öffnete mir. Ein vorsichtiges Lächeln huschte wie ein aufgeschreckter Schmetterling über sein Gesicht. Ich hatte Bernhard über ein Jahr lang nicht gesehen. Hoffnungslosigkeit und Angst lagen in seinem Blick und trafen mich tief. Was war geschehen? Karin, seine Frau, war schon seit zwei Jahren tot. Ihre Krebserkrankung hatte sie tapfer ertragen und immer wieder versucht, ihre Freunde und vor allem Bernhard zu trösten.

Als hätte er meine Gedanken erraten, sagte Bernhard: „Die Zeit heilt alle Wunden, sagt man. Aber das ist ein dämlicher Spruch, der nicht stimmt. Man kann nur mit der Zeit lernen, mit seiner Trauer umzugehen, sie in sein Leben einzubeziehen und sich nicht dagegen zu wehren. Warum-Fragen sind verboten. Doch das gelingt nicht immer ... Eine Frau kommt mir entgegen, strahlt, bewegt sich wie Karin und reißt mich in den Strudel der Erinnerungen. Es gibt Tage, da überfällt mich die Leere mit Angst im Gepäck. Gegen Schmerzen hilft Medizin. Aber gegen den Verlust von Karin hilft nichts! Ich lenke mich ab. Spiele Orgel. Rufe meinen Freund an, um mit ihm in die nächste Kneipe zu gehen. Laufe im Einkaufszentrum herum. Doch ich werde meine Trauer nicht los.
Wenn es mir gelingt, mich wieder einmal von Karin zu verabschieden, zu akzeptieren, dass es ein trauriger Tag ist, der vorübergeht, fasse ich Mut in der Gewissheit, dass bestimmt bald ein heller Tag kommt, dass das Pendel zur anderen Seite ausschlägt. Manchmal gehe ich in das Café am Marktplatz und bestelle einen großen Kaffee mit Milchschaum, den Karin dort so gerne getrunken hat ...“

Bernhard erzählte an diesem Abend noch lange von Karin. Wir erinnerten uns an gemeinsame Erlebnisse, an Karins Gastfreundschaft, an ihre Lebensfreude.
Als wir später auf dem Balkon standen, sagte er: „Sieh mal, der Kirschbaum blüht wieder!"
Ich konnte es in der Abenddämmerung nicht erkennen, aber Bernhards Stimme klang kraftvoll, so wie ich sie von früher kannte.
Wenn ich an den Kirschbaum in Omas Garten denke, sehe ich die dunkelroten saftigen Kirschen vor mir. Die Kirschen, die wir uns als Ohrringe über die Ohren hängten. In Gedanken rolle ich eine Kirsche mit der Zunge im Mund herum, zerbeiße vorsichtig das Fruchtfleisch, schmecke den Saft und spucke in hohem Bogen den Kern aus.

Stimmungstief, Ablenkung und neue Freunde

Seit Tagen regnet es. Dunkle Wolken stehen bedrohlich am Himmel und scheinen alle Farben gelöscht zu haben. Es wird tagsüber nicht hell. Bin ich neuerdings vom Wetter abhängig? Ich fühle mich matt und energielos, sehne mich nach Licht und Wärme!
Als das Telefon klingelt, sehe ich auf dem Display, dass es Hilde ist, und stelle mich auf ein längeres Telefonat ein. Vielleicht ist ihre Stimmung heute ähnlich düster wie meine? Hilde freut sich, dass sie mich erreicht hat, und redet. Und redet. Ich könnte den Hörer jetzt für mindestens eine halbe Stunde weglegen. Das würde Hilde vielleicht gar nicht merken. Sie ist allein und braucht jemanden, der ihr einfach nur zuhört, denke ich. Hilde erzählt, was ihr gerade einfällt, an was sie sich

erinnert. Ein Gespräch auf Augenhöhe ist leider nicht mehr möglich. Ich möchte sie nicht abweisen, da wir uns schon aus der Kindergartenzeit unserer Kinder kennen. Wir sind gleichzeitig alt geworden. Wenn ich dann wieder erfahren habe, woran die Schwester ihrer ehemaligen Nachbarin gestorben ist, was der Arzt versäumt hatte zu tun, was ihre Cousine dazu meinte, die jemanden kannte, der eine ähnliche Krankheit hatte, nun aber nicht mehr in der Stadt wohnte, weil er wegzog, nachdem der Vermieter erneut die Miete erhöht hatte, obgleich er das schon zweimal getan hat und deswegen Frau Schmidt ausgezogen war und nun bei ihrer Tochter wohnte, die sich gerade von ihrem Mann trennen will, weil der sie mehrmals betrogen hat ..., ist meine Kraft zu Ende.
Erst nach drei Versuchen gelingt es mir endlich, Hilde zu unterbrechen. „Bei mir hat es geklingelt“, lüge ich und lasse mich erschöpft in meinen Sessel fallen.

***

Ich beschließe, mit dem Zug nach Köln zu fahren und einen Stadtbummel zu machen. Das hilft, denke ich, und bringt mich auf andere Gedanken.
In der S-Bahn wird mein Tag schnell heller. Strahlend kommt mir Martin entgegen, umarmt mich. „Was für ein schöner Zufall!“
Seine Freundlichkeit und Wärme tun gut. Ich möchte diesen Augenblick festhalten, denke ich überrascht. Wieder einmal spüre ich, wie ich Georg immer noch vermisse, obgleich er schon so lange tot ist.
„Meine Freundin!“, stellt mich Martin stolz seinen drei Mitfahrern vor und erntet anerkennendes Kopfnicken. Die Männer wirken wie Schüler auf einer Klassenfahrt. Sie schauen mich interessiert an. Wenn einer der drei jetzt pfeift ..., denke ich – und muss mein Lachen unterdrücken.
Ich setze mich zu ihnen, und sie erzählen, dass sie sich erst vor Kurzem in einer Stadtteil-Gruppe, einer ZWAR-Gruppe, kennengelernt haben und nun oft etwas zusammen unternehmen.

„ZWAR-Gruppe?“, frage ich.
„Hinter diesem Begriff verbirgt sich ein Netzwerk. In unserer Stadt, in den einzelnen Stadtteilen, gibt es einige solcher Gruppen, die Menschen zwischen Arbeit und Ruhestand – daher die Abkürzung ZWAR – die Möglichkeit geben, neue Bekanntschaften zu schließen, bestehende Kontakte auszubauen, gemeinsam mit anderen ihre Freizeit zu gestalten und nicht zu vereinsamen“, erklärt Alfred.
„Der war früher Lehrer“, sagt Bernd mit einem verschmitzten Grinsen.
„Wir vier treffen uns oft auch unabhängig von den anderen, spielen Skat, oder Martin lädt uns zum Essen ein. Der kocht nämlich prima!“, sagt Jürgen. „Nur blöd, dass er Vegetarier ist!“ Jürgen verdreht die Augen und alle vier lachen.
Jürgen scheint der Clown in der Gruppe zu sein, seine gute Laune ist ansteckend. „Wir nehmen auch Frauen auf, denn es gibt immer Streit, wer spülen darf ...“ Jürgen unterstreicht seine Bemerkung mit eindeutiger Mimik.
Martin, der in dieser Runde sehr fröhlich wirkt, erzählt, dass sie gerade zu ihrer kleinen Werkstatt fahren. Sie wollen sich nicht nur amüsieren, sondern auch etwas Sinnvolles tun. So reparieren sie kostenlos Gegenstände, die andernfalls im Müll landen würden. Stolz berichten sie von Toastern, Staubsaugern, Bügeleisen und anderen Geräten, die sie wieder funktionsfähig machen und ihre Besitzer damit erfreuen. Mir fallen sofort die Probleme mit meinem Drucker ein, den ich schon abgeschrieben hatte. Vielleicht lässt er sich retten?
„Wir treffen uns einmal in der Woche“, sagt Bernd. „Wir brauchen Rituale, damit unser Leben wieder eine Struktur hat. Gleichmäßige Gewohnheiten lassen Einsamkeit im Alter besser ertragen.“
„Nach meiner langen Arbeitszeit bin ich in ein Loch gefallen! Du stehst morgens auf und weißt nicht, was du tun kannst. Schrecklich! Ein Tag verläuft wie der andere! Meine Frau hatte sich

schneller daran gewöhnt. Aber dann …“ Bernd schluckte.
„Es tröstet auch, wenn man mit Gleichgesinnten reden kann. Über alles, was nicht mehr so gut klappt“, erklärt er dann. „Freundschaftliche Verbundenheit tut gut.“
Jürgen räuspert sich. „Wie Hustensaft“, sagt er und grinst.
„Martin hat sich geoutet und zugegeben, dass er morgens auch auf einem Bein durch die Wohnung balanciert, um in die Unterhose zu kommen!“, sagt Bernd.
„Und lange zum Pinkeln braucht“, ergänzt Jürgen.
„Deine Geheimnisse werden wir auch noch herausfinden“, entgegnet Martin.
Älterwerden, da sind sie sich einig, ist eine besondere Herausforderung. Eine Fahrt ins Ungewisse mit Überraschungen. Manchmal können sie mit Freude, mit Neugierde darauf reagieren. Aber auch mit Angst bei Ungewohntem.
„Jeden Tag komme ich an neue Grenzen, die Kraft lässt nach. Ganz normale Aufgaben erscheinen wie ein unüberwindbarer Berg. Dann krieg ich Wut – Wut auf mich, auf das Leben!“ Jürgen stöhnt.
„Wir müssen uns Haltegurte schaffen, deshalb pflegen wir unsere neu erworbene Freundschaft.“ Bernd hält Jürgen seine Hände zum Abklatschen hin. Beide lachen.

„Ich habe mühevoll gelernt, wieder neugierig und hoffnungsvoll ins andere Land zu schauen. Das ist nun mein Motto“, erklärt Bernd.
Er hatte sich gewünscht und war davon ausgegangen, dass er zusammen mit seiner Ehefrau alt werden würde. Doch dann wurde sie sehr krank. Bernd hatte sie einige Jahre liebevoll gepflegt.
„Oft war ich verzweifelt, habe gehadert mit Gott, wenn ihre Schmerzen überhandnahmen und ich ihr nicht helfen konnte: Warum lässt du diesen lieben Menschen so leiden, habe ich bei langen Waldspaziergängen geschrien! Wo bist du, Gott, mit dei-

nen Versprechungen, wie es der Pfarrer sonntags in der Kirche behauptet? Wenn ich aber die dankbaren Blicke meiner Frau sah, wie sie trotz starker Schmerzen lächelte, war ich wieder versöhnt."

Wir spüren Bernds Trauer und Verzweiflung, als er sich diese Situation ins Gedächtnis ruft. Keiner sagte etwas, wir sehen uns unsicher an.

Als seine Frau dann überraschend starb, fühlte er sich sehr einsam. Nicht nur seine geliebte Frau war nicht mehr da, sondern auch seine Lebensaufgabe.

„Immer haben wir uns gegenseitig getröstet, bei all den altersbedingten Zipperlein, bei den Fragen, vor die uns das Leben stellte. Wir haben viele Jahre unser Leben geteilt und kannten uns so gut, dass wir offen über unsere Gefühle, über unsere Ängste reden konnten."

Nachdenklich schweigen wir.

Nach einer Weile erzählt Bernd, dass es für ihn wichtig war, dass jeder auch allein seinen Hobbys nachgehen konnte, dass sie aber den gemeinsamen Freundeskreis pflegten, als seine Frau noch gesund war.

„Das hat mir während der schwierigen Krankheitszeit geholfen. Ein Netz mit großen und kleinen Maschen, fest geknüpft, auch mit sichtbaren Reparaturen. Meine Frau hat sich mit ihren Freundinnen getroffen, und ich habe mich zum Skat verabredet. Wir vertrauten uns gegenseitig und so konnte jeder dem anderen von eigenen Erlebnissen erzählen, und unsere Tage blieben lebendig. Ich bin froh darüber, dass wir so gelebt haben. Wahrscheinlich müsste ich sonst jetzt das kleine ABC der Kontaktaufnahme neu lernen. Meine Skatpartner treffe ich weiterhin regelmäßig."

Martin erzählt, dass er schon lange geschieden sei und dass er mit seiner Frau nie eine Beziehung hatte, die von tiefem Vertrauen geprägt war, sondern dass er sich in seiner Ehe oft sehr einsam

gefühlt habe. „Dieses Gefühl der Einsamkeit war viel schmerzhafter als die eigentliche Trennung später“, meint er.
Durch seinen Job war er all die Jahre ausgelastet, sodass er lernte, gut allein zu leben und nichts zu vermissen.
„Jetzt wäre es schön, eine Partnerin zu haben“, sagt er. „Aber ich kann mir nicht vorstellen, wieder mit einer Frau zusammenzuwohnen, bei all meinen komischen, verrückten Gewohnheiten.“

„Allein alt zu werden, ohne Familie, ohne einen Partner im Hintergrund oder einer Frau, die man liebt, ist für mich ein großes Problem“, erzählt nun Bernd. „Die Leere um mich herum ist oft unerträglich, vor allem sonntags! Ich spiele Klavier, betrachte Fotos, zappe im Fernsehen, schaue Sendungen an, die mich überhaupt nicht interessieren. Das lenkt zwar ab, aber dann überfällt mich das Alleinsein, raubt mir alle Energie. Manchmal rufen mich die Freundinnen meiner Frau an, doch das hilft mir nicht.“

Alfred klopft ihm verständnisvoll auf die Schulter. „So würde es mir auch gehen, wenn ich meine Frau nicht mehr hätte. Es ist so schön, gemeinsam zu planen, füreinander da zu sein. Aber wir beide dürfen auch unseren eigenen Interessen nachgehen. Das ist wichtig, sonst hätten wir ständig Krach.“
Alfreds Frau arbeitet engagiert in der Freiwilligenagentur und hat so ihren eigenen Wirkungsbereich.

„Auch spät geschlossene Freundschaften haben eine Chance“, fasst Martin den Wert ihrer Gruppe zusammen. „Stimmt!“, bestätigt Jürgen.
Lachend steigen sie aus, winken. Sie haben ihr Ziel erreicht. Jürgen versucht zum Abschied zu flirten und kneift ein Auge zu. Dann aber kämpft er mit einem Ärmel seiner Jacke, der sich dem Anziehen erfolgreich widersetzt. Jürgen dreht sich dabei wie ein Hund, der versucht, seinen Schwanz zu erwischen. Als Bernd ihm

helfen will, lässt Jürgen eine Schimpfkanonade los: Er sei ja schließlich kein Greis!
Ich schaue ihnen nach. Sogar der Himmel ist inzwischen etwas heller geworden.

Lebenskraft austauschen

Heute war so ein Tag, der mich an Grenzen brachte. Das Wasserglas rutschte mir aus der Hand und zersprang auf den Fliesen in tausend kleine Scherben. Ich bückte mich, um Handfeger und Kehrschaufel aus dem Schrank zu nehmen, kämpfte dabei gegen Schwindelgefühle an. Beim Aufsammeln der größeren Scherben schnitt ich mir in den Finger. Blut tropfte herunter. Da fiel mir ein, dass ich vergessen hatte, neues Pflaster zu kaufen. Von der Küchenrolle riss ich ein Stück Papier ab und wickelte es um die Wunde. Ich ließ mich auf den Stuhl fallen. Tränen und Blut flossen still vor sich hin und mischten sich mit diffuser Angst.
Mühevoll wurden Kleinigkeiten, über die ich früher kaum nachgedacht hatte: die Wasserkiste aus dem Kofferraum heben, einen Apfel unter dem Küchenschrank herausholen, die Glühbirne wechseln. Heute hatte ich dringende Post vergessen, wollte wichtige Anrufe erledigen, fünf standen noch auf meiner Liste. Arzttermine musste ich noch anfragen und die kranke Nachbarin besuchen, aber vorher ihre Medikamente aus der Apotheke besorgen. Wie mag das weitergehen, fragte ich mich, während ich Teewasser aufsetzte. Was mache ich, wenn ich meine normalen Aufgaben nicht mehr schaffe? Wenn alltägliche Dinge Kraftreserven auffressen?
Du hast doch deine Kinder, sagen Freunde, ohne daran zu denken, dass sie in ganz Deutschland verstreut leben und ihr eigenes Le-

ben gestalten müssen! Ich kann mich außerdem nicht von dem Gedanken frei machen, dass ich ihnen nicht zur Last fallen will. Das Verhältnis zu den Kindern verändert sich im Laufe der Zeit: Zuerst sind sie abhängig von uns – und im Alter sind wir abhängig von ihnen.

Als Eltern mussten wir lernen, sie Schritt für Schritt loszulassen. Später, wenn sie nicht nur unsere Töchter und Söhne sind, sondern eigenständige Erwachsene, die ihre Erfahrungen machen wollen und müssen, lösen sie sich aus unserer wohlgemeinten Fürsorge. Es ist für Eltern ein emotional schwieriger, oft schmerzhafter Lernprozess, fast eine „zweite Entbindung“: auf die Fähigkeiten unserer Kinder zu vertrauen, zu begreifen, dass sie allein atmen können und auch keinen Bauchwehtee mehr brauchen.

Doch kaum haben wir das verstanden, schalten wir das Teewasser wieder an. Für uns, die alten Eltern.

Die Wärmflasche liegt in der unteren Schublade der Kommode, das wissen wir. Und sie wissen es auch.

Die eigene Hilfsbedürftigkeit zu erkennen und anzunehmen, fällt mir nicht leicht. Dankbar erinnere ich mich aber an die selbstverständliche Bereitschaft meiner Kinder, mir bei einer schweren Erkrankung zu helfen.

Welche Möglichkeiten gibt es, um weiterhin ein eigenständiges Leben zu führen? Ich werde mich informieren, vielleicht gibt es mir Sicherheit, wenn ich weiß, was ich im Ernstfall tun kann. Ich erinnere mich an Mutters Worte: *Eine Hand wäscht die andere.* Heute verstehe ich, was sie damit sagen wollte.

Es ist für mich selbstverständlich, zu helfen, wenn ich kann. Aber es fällt mir sehr schwer, Hilfe anzunehmen oder um Hilfe zu bitten. Dazu fehlt mir die lebenslange Übung. Dabei bieten sich in jungen Jahren viele Möglichkeiten des Übens. Dann nämlich kratzt das Sich-helfen-Lassen noch nicht am Selbstwertgefühl. Im Alter hat es eine Schwere, die mit Endgültigkeit zu tun hat, mit Hilflosigkeit, mit Abhängigkeit.

„Lass dir doch helfen! Mir macht es Freude, dir zu helfen, ebenso deinen Freunden und Freundinnen. Wir wollen dir etwas Gutes tun, vielleicht etwas zurückgeben, wie man so sagt. Mach ihnen doch die Freude, auch einmal die Helfenden zu sein“, sagt meine Tochter lachend. Hoffentlich erinnert sich diese Powerfrau später auch selbst daran, denke ich.
Einige Freundinnen boten mir vor einiger Zeit ihre Hilfe an, als ich nach meinem Unfall im Rollstuhl aus dem Krankenhaus kam. Ich musste mich zwar überwinden, aber ich brauchte Hilfe. Dankbar nahm ich ihre Angebote an.
„Das ist doch keine Gnade, dass ich dir helfe“, sagte Eva und wusch mir den Rücken. „Wir sind auf Hilfe angewiesen, wenn wir auf die Welt kommen. So muss es selbstverständlich sein, im Alter, am Ende unseres Lebens Hilfe anzunehmen, Hilfe zu bekommen, unseren Bedürfnissen entsprechend.“
„Dabei fällt mir ein Leitspruch der Montessori-Pädagogik ein: Hilf mir, es selbst zu tun“, sagte ich. „Hilfe darf nicht Bevormundung sein. So wie man Kindern Rechte zubilligt, möchten wir doch im Alter auch, solange es geht, unsere Rechte behalten, vor allem unsere Würde.“
„Ja, Oma, haben wir heute schon Stuhlgang gehabt?“, fragte Eva und wir lachten so heftig, dass wir beide froh waren, dass es zwei Toiletten in der Wohnung gab.

Liebe Marie,
es muss für den Gebenden und den Nehmenden selbstverständlich sein, füreinander da zu sein. Das gilt auch, wenn geistige Kräfte nachlassen.
Lebenskraft austauschen! Wie gut klingt das und wie schwer ist es – und welche seelische Kraft erfordert es.

Dabei denke ich an ein Gedicht von Conrad Ferdinand Meyer, das mich schon als Schülerin tief beeindruckt hat:

Der Römische Brunnen
Aufsteigt der Strahl und fallend gießt
Er voll der Marmorschale Rund,
Die, sich verschleiernd, übergießt
In einer zweiten Schale Grund;
Die Zweite gibt, sie wird zu reich,
Der dritten wallend ihre Flut,
Und jede nimmt und gibt zugleich
Und strömt und ruht.

Im Garten der verlorenen Wörter

Heute treffe ich Martin und Alfred beim Einkaufen. Die beiden laden mich zu einem Cappuccino ein. Wir setzen uns in das Straßencafé am Marktplatz und genießen die Sonne, die wir tagelang vermisst haben.
„Ohne Termindruck hier zu sitzen, ist ein Geschenk des Alters!“, stellt Alfred fest.
„Ausschlafen nach einer langen Fernsehnacht, das genieße ich“, sagt Martin. „Die besten Filme kommen immer sehr spät. Morgens in Ruhe Kaffee trinken, Zeitung lesen, nicht nur die Überschriften, das ist Luxus pur! Es geht uns gut!“, jubelt Martin und wirft beide Arme in die Luft.
Da kann ich nur zustimmen: „Einen Tag zu vertrödeln, fällt mir schwer. Doch bei einer starken Erkältung auf den Körper zu hören und sich nicht zur Arbeit zu schleppen – ein wohltuender Gedanke!“
Insgeheim überlege ich, was ich alles in der Stadt besorgen wollte. Der Einkaufszettel lag auf dem Esstisch, neben der Geburtstagseinladung von Renate.

Ich krame in meinem Gedächtnis. Neuerdings spielt es mir Streiche. Mit einem diffusen Gefühl von Angst frage ich mich: Ist das der Anfang von Demenz? Aber je verzweifelter ich versuche, mich zu erinnern, umso weniger gelingt es mir. Meistens hilft eine kleine entspannte Denkpause. Ich weiß, dass es vielen älteren Menschen ähnlich geht.

Auch wenn Jüngere solche Erfahrungen bestätigen, kann das nicht darüber hinwegtäuschen, dass Ältere Vergesslichkeit als Merkmale des fortschreitenden Alters erleben.

„Beruhige deinen Geist und lass dein Herz sprechen“, fällt mir der Ratschlag meiner alten Freundin ein. Doch in solch einer Situation tröstet mich das nicht. Mein perfektes Namensgedächtnis wurde stets bewundert.

Was wollte ich nur für Renate besorgen? Endlich fällt es mir ein: Für ihren Balkon hatte sie sich eine Pflanze gewünscht. Aber wie hieß diese Pflanze mit der wunderschönen Blüte?

„Könnt ihr mir helfen?“, frage ich die beiden, die genüsslich Croissant und Brötchen verspeisen.

„Immer fällt mir der Name dieser Pflanze nicht ein. Sie wächst strauchartig und ihre Blüten in rosa, weiß, violett und vielen Blautönen sind oft handtellergroß.“ Ich klopfe mir mit der Faust gegen die Stirn. „Diese Pflanzen brauchen ziemlich viel Wasser. In südlichen Ländern wachsen sie besonders gut“, erkläre ich weiter.

„Schrecklich, warum fallen mir bestimmte Namen nicht ein! Es ist beängstigend! Ich ärgere mich! Verzweifle und will mich unbedingt an den Namen erinnern. Aber je mehr ich es versuche, umso weniger habe ich Erfolg.“

„Das kenne ich auch!“, sagt Alfred.

„Alles Überflüssige werfen wir aus unserem Kopf-PC – aus Platzmangel.“ Martin lächelt. „Wichtige Dinge speichern wir über unsere Gefühle!“

„So einfach ist das nicht: Das Gedächtnis hat ein eigenes System. Es unterscheidet leider nicht immer zwischen Wichtigem und Überflüssigem." Alfred lacht und erinnert Martin an den letzten Einkauf.

„Ja, stimmt, manchmal sollte man doch notieren, was man einkaufen will, sonst kauft man vielleicht schwarze Schuhcreme statt Rasierschaum!"

Alfred räuspert sich.

Zu dritt gehen wir schließlich in den Blumenladen.

„Dunkelrote Rosen schenkt man schönen Frauen", singt Martin übertrieben theatralisch.

Die Verkäuferin stimmt lachend in das Lied ein.

„Die Blume, die sich Renate wünscht, kann man gut trocknen", sagte ich.

„Distel", schlägt Martin grinsend vor.

„Rilke hat ein wundervolles Gedicht über diese Blume geschrieben", erkläre ich der Verkäuferin unbeirrt.

Jetzt denkt Alfred, der Lehrer, ernsthaft nach. Aber es fallen ihm immer nur Rosen ein.

Da entdecke ich sie: Hortensie stand auf dem Kärtchen! Ich atme erleichtert auf. Na, endlich!

Ein Lichtstrahl lässt die Kristalle in meinem Kaleidoskop funkeln. Ich werde meine Hortensie in den Garten der verlorenen Wörter pflanzen, denke ich. Dort blüht schon die dunkelrote Kamelie, die auch immer ihren Namen versteckt.

Für einen Moment schließe ich die Augen und denke an den Tag, als das Tor zu meinem Garten verschlossen war. Das Schloss war verrostet. Ich rüttelte an dem Griff, drückte mit aller Kraft gegen die Tür, immer heftiger, trat dagegen, raufte mir voller Verzweiflung die Haare. Es gab einen Trick, dieses Törchen zu öffnen. Aber den hatte ich vergessen. Ich versuchte, über den Zaun zu klettern, blieb mit dem Fuß hängen und verletzte mich.

„Weißt du nicht, dass sich diese Tür nur von innen öffnen lässt?", hörte ich den Gärtner fragen, der sich um die Pflanzen im Garten der verlorenen Wörter kümmert, sie schützt und pflegt. Er ließ mich ein.

„Warum bist du verzweifelt?“ Die Stimme des Gärtners beruhigte mich. „Wenn Namen verschwunden sind, bleiben doch die Ereignisse. Sie sind gespeichert und bieten Nahrung für Neues.“
In meinem Garten der verlorenen Wörter wachsen viele Pflanzen. Kräftige, die dem harten Boden trotzen, aber auch empfindsame. Kleine Pflanzen, die geschützt werden müssen. Große, die manchmal beschnitten werden, damit sie nicht alle anderen überwuchern. Blumen, Bäume, deren Namen ich nicht mehr weiß, siedelten sich an und überraschten mich. Einige blühen, duften, verblühen, bilden Samen für Neues.
Ich lerne, sorgsam mit ihnen umzugehen. Wenn ich ihren Wachstumsprozess geduldig abwarte, zeigen sie mir, was sie brauchen, um ihre Schönheit zu entfalten, um zu gedeihen. Meine Blumen verwandeln den sommerlichen Garten in ein unbeschreiblich schönes Blütenmeer. Immer durstig warten sie auf den Sommerregen, so wie ich.
Das Gartentor soll nicht verschlossen sein. Es ist geöffnet für alles Namenlose, das mich jahrelang begleitete, mich reich machte und nun verblasste.

Liebe Marie,
vor vielen Jahren hatte Oma in ihrem Garten nicht nur Kartoffeln und Gemüse gepflanzt, sondern auch Blumen gesät. „In dieser grauenvollen Zeit des Krieges brauchen wir Nahrung für Körper und Seele“, sagte sie.
Ich pflückte Löwenmäulchen, rosa, gelbe, weiße, die gaben wir dir mit – auf deine lange Reise.

Neue Blickwinkel

Navigation

Ich schaue mich um, nehme die Umgebung wahr, betrachte den zurückgelegten Weg. Leuchtende Kristalle schenken mir heute Leichtigkeit und Mut.
Ich erkenne Fehler, Umwege, mit dem Bewusstsein, dass ich jetzt erst Klarheit in meiner eigenen Geschichte erfahre. Unscharf erscheinen Bilder, die von verzweifeltem Kämpfen, Ängsten, Ratlosigkeit, aber auch heilenden Erfahrungen erzählen. Wendepunkte, Weggabelungen, in der Rückschau betrachtet, erstaunen mich und machen mich dankbar.
Sind Antworten auf Lebensfragen bestimmten Entwicklungsprozessen unterworfen, weil sie Zeit brauchen und man sie leben muss?
Ich lade mein Navigationsgerät.
Wähle: Vertrauen und Hoffnung.
Mein Standort?
Der Blick in mein Kaleidoskop zeigt mir den heutigen Tag. Nicht in diffusem Licht, sondern mit klaren Konturen.
Ich gebe die Richtung ein: Dankbarkeit, Liebe.
Werde ich geführt werden, vorbei an unübersichtlichen Baustellen?
Wenn ich Hinweise überhöre, weil ich es mal wieder besser weiß und nicht vertraue und in einer Sackgasse lande, ertönt die leise Stimme: „Wenn möglich, bitte wenden."
Eine rote Ampel stoppt den Lebensfluss. Es entstehen Wartezeiten. Geschenkte Zeiten. Freiheit.
Ich muss meine Tankstelle aufsuchen. Tanke Kraftstoff für die Weiterfahrt: Hoffnung, Zuversicht.
Gestärkt fahre ich weiter mit der Gewissheit, dass ich ankommen werde, dass ich mein Ziel erreichen kann.
Freunde warten.
Kinder warten.

Zeitdiebe

Ich nehme mir vor, sorgfältiger mit meiner Zeit umzugehen, keine Zeit zu vergeuden. Bei Staumeldungen heißt es manchmal: 20 bis 30 Minuten Zeitverlust. Was verliere ich?
Die Zeit, unsere Lebenszeit, verrinnt unaufhaltsam. Sie scheint im Alter an Tempo zu gewinnen. Oft fahnde ich nach Zeitdieben und finde sie zum Beispiel in verschiedenen Fernsehsendungen, in endlos langen Telefonaten.
Es tut mir gut, wenn ein Mensch Zeit für mich hat, mir seine Zeit schenkt. Der Arzt, die Freundin, der Sohn. Ich möchte für mich störungsfreie Zeiten reservieren, für notwendige Standortbestimmungen, für Langsamkeit, für Reflexionen, für Träume.
„Solche Zeiten stehen fest in meinem Kalender, sogar auf meiner To-do-Liste“, sagte ein Freund.
Ich versuche diese Idee aufzugreifen, leider mit mäßigem Erfolg. Wem schenke ich meine Zeit, zum Beispiel durch ruhiges Zuhören, durch Hinhören?, überlege ich. Meine Geduld gegenüber Schwätzern nimmt ab!
Kommt ein Kind mit einer Frage, setze ich mich, signalisiere, dass es jetzt im Mittelpunkt meiner Aufmerksamkeit steht. Das wünsche ich mir auch. Vielleicht gehört es zu den Empfindlichkeiten des Alters, dass sich Enttäuschung breitmacht, wenn durch Handy- oder Telefonklingeln das Gespräch unterbrochen wird und der neue Gesprächsteilnehmer selbstverständlich Vorrang bekommt. Wie schön ist es, wenn mir mein Gegenüber zuhört, mir Zeit lässt, meine Gedanken zu formulieren – und ein Gedankenaustausch möglich wird.

Ein neuer Tag

Zaghafte Sonnenstrahlen, ein mildes Licht des Morgens, vertraute Geräusche erreichen mich. Ich habe schlecht geschlafen, war mehrmals in der Nacht wach, weil ich das Gedankenkarussell nicht anhalten konnte.
Ich schlurfe zum Fenster, öffne es, schaue kurz hinaus und begrüße den Tag. Atme tief ein und aus. Mein Kinder-Morgengebet kommt mir in den Sinn und damit ein Gefühl von Geborgenheit. Dann geht es mir besser.
Manchmal schaffe ich es zu meditieren, Mozart, Schumann, Chopin helfen mir dabei. Bei den Nachbarn brennt Licht, wie immer um diese Zeit. Später werden sie es ausschalten und zur Arbeit fahren.
Während die Kaffeemaschine läuft, stelle ich meinen Lieblingskaffeebecher auf den Tisch und bereite mein Müsli zu. Handgriffe, die unabhängig von meiner Stimmung Routine sind.
Ich hole die Tageszeitung, die mir mein Nachbar jeden Morgen auf die Fußmatte legt. Rituale, die mir helfen, dunkle, graue Tage zu leben.
Hinter den Wolken scheint auch die Sonne!
Dieser Spruch, den mir mein kleiner Sohn einmal schenkte, wurde zum Familienmotto und sorgte in verschiedenen Situationen für Ermutigung, zum Beispiel auch bei mangelhaft absolvierten Klassenarbeiten.

Einfach leben

Zeiten, zu denen wir in eine strahlende Zukunft schauen konnten, scheinen vorbei zu sein. Unwetter zeigen, dass der Klimawandel sich immer bedrohlicher bemerkbar macht.
Bei Treffen im Freundeskreis diskutieren wir manchmal voller Sorge um die nachfolgenden Generationen, wie wir uns in die drängenden Fragen unserer Zeit einbringen können. Oft sind wir ratlos, aber es ist uns klar, dass es mit Verlust und Einschränkungen unserer Bequemlichkeit verbunden sein muss! Wenn wir gesund sind, können wir nicht nur unsere Freizeit genießen.
Ich möchte meinen Beitrag zum Schutz der Umwelt leisten. Meine Enkelkinder zeigen mir oft vorbildlich, was zu tun ist. Mülltrennung ist für sie (meist) selbstverständlich. Ihr Engagement hierzu besteht nicht nur aus gelegentlichen Aktionen, wie einem Dreck-weg-Tag.
Martin berichtete, dass er von Schülern hörte, die sich für eine Klassenfahrt in die Umgebung aussprachen, statt eines Wochenendflugs nach Rom. Was müssen wir tun, um die Ressourcen der Natur nicht weiter zu verschleudern? Können wir zurück zum einfachen Leben?

Liebe Marie,
ich erinnere mich an den Tante-Emma-Laden bei der Mimi, wie sie in unserem Dorf hieß. In Gedanken sehe ich sie vor mir, die kleine alte Frau mit ihren dünnen weißen Haaren, die zu einem Zopf geflochten waren. Wie sie uns aufmerksam ansah, gütig lächelte, die knarrende Ladentüre zur Seite schob und uns wie einen lieben Besuch begrüßte. Es roch ein bisschen nach Maggi.
Mehl, Zucker, Hülsenfrüchte, Nudeln und all das wog sie auf der alten Waage ab und füllte es in unsere Leinensäckchen.

Sie verkaufte Äpfel und Birnen von den Bauern der Umgebung.
Kartoffeln, Steckrüben, Kohl, Schwarzwurzeln und Salatkräuter wuchsen in den eigenen Gärten. Oma tauschte gelegentlich auch Gemüse mit anderen Familien, außerdem baute sie heimlich Tabak an und bekam dafür ein Stück Speck oder Rübenkraut, das wir so liebten.
Unsere Einkäufe trugen wir im Einkaufskorb nach Hause, den Omas Cousin Georg aus Weidenzweigen geflochten hatte. Zum Glück werden heute kleine Schritte unternommen, die Verpackungsmaterial und Plastiktaschen überflüssig machen!
Marie, musstest du auch kräftig schlucken, wenn Mimi mit der Zange einen Zuckerstein aus dem großen Bonbonglas nahm? Sie legte ihn wie einen Goldschatz in unsere geöffneten Hände. Köstlich schmeckte so ein Fruchtbonbon, wenn wir es langsam schleckten, als wäre es Brausepulver. Zitrone und Orange. Manchmal probierte ich dein Bonbon und du meins. Ich zog immer schnell meine Hand weg, weil du nicht zu viel von meinem bekommen solltest.
Falls noch ein kleiner Rest übrig war, wenn wir zu Hause ankamen, ließen wir ihn in ein Glas mit einem Schluck Wasser fallen und hofften, dass daraus Limonade würde.

Und wie liebten wir unsere Sommerküche! Barfuß über die Wiese laufen, einfach schnell in der Sommerküche Wasser zapfen und aus den Händen trinken!
Nur wenn es sehr heiß war, fand das Familienleben in dem kühlen Kellerraum, der Sommerküche, statt. Hier wurde gebacken, gekocht und gegessen. Es galten andere Regeln als oben in der Wohnküche. Wir Kinder durften hin und her rennen und draußen mit den Händen die Pfannkuchen essen, die Mutter in der schweren Pfanne auf dem Kohleofen gebacken hatte.

Der alte gescheuerte Holztisch wackelte immer und wurde mit einem kleinen Brett fixiert, das zu diesem Zweck auf der Fensterbank lag. Vielleicht liegt es noch immer dort, denke ich, während mir der Sommer in den Sinn kommt, der sich an einsamen Abenden zu einer tröstlichen, fantasievollen Geschichte entwickelt. Omas Platz war der Stuhl mit dem geflochtenen Sitz. Mutter saß am liebsten auf dem Melkschemel. Wir Kinder hockten auf der alten Bank im Schneidersitz, damit wir besser an unsere Teller kamen. Wenn Oma unsere Lieblingssuppe „Querdurchdengarten" kochte, durften wir helfen. Karotten, Kohlrabi, Sellerie, Maggikraut, Kräuter, das Gemüse der Jahreszeit entsprechend, holten wir von den Beeten – quer durch den Garten. Neben dem großen Spülbecken, das zum Händewaschen nach der Gartenarbeit und für schlammige Kinderfüße geeignet war, stand der Eimer mit Wasser zum Kochen. Samstags roch es im ganzen Haus nach gebackenem Napfkuchen und dem Sonntagsbraten, der auf dem Herd angebraten und später in der Backröhre gegart wurde. Das Sonntagsmenü gab es nur in der Wohnküche, vom „feinen" Geschirr.
Die Tür zum Hof stand meistens offen, sodass Nachbarinnen einfach vorbeikamen, ohne Terminabsprachen, ohne Voranmeldung. In dem Dorf unserer Kindheit war es üblich, dass sich Jung und Alt begegneten, voneinander wussten. Man traf sich zu Strickabenden und zum Austausch von Neuigkeiten. Weiß man heute auf dem Dorf, mit allen Veränderungen, immer noch, was Hilfsbereitschaft und Füreinander-Einstehen bedeutet?
Haben sich einige Rituale und Traditionen als vererbungswürdig erwiesen? Immer seltener wird bei Dorffesten und Kirmes davon erzählt.
Das Leben im Dorf, in der schwierigen Nachkriegszeit, erforderte ein hohes Maß an kritischer Auseinandersetzung mit überlieferten Werten und mit uns selbst.
Es zeigte sich, wie schwer es war, Vorurteile abzustreifen, in die man durch gewohnte Strukturen hineingewachsen war. Es gab vie-

le Verunsicherungen. Medien jeglicher Art waren nicht vorhanden. Der alte Volksempfänger hatte meist ausgedient und Tageszeitungen gab es nicht. So waren die Menschen im Dorf auf die wenigen Informationen angewiesen, die manchmal noch der Gemeindediener lauthals mithilfe einer Glocke verkündete. Flüchtlinge wurden zunächst ablehnend, manchmal verachtend betrachtet. Man hatte Angst vor den Fremdlingen und wir Kinder wurden vor ihnen gewarnt!

Marie, wir haben uns nicht getraut, den fremden Kindern zu winken oder gar mit ihnen zu spielen.

Später, als die Dorfbewohner erfuhren, wie hilfsbereit diese Menschen waren, dass sie sich in das Dorfleben integrieren wollten und konnten, wurden Ressentiments langsam abgebaut. Dieser Prozess dauerte sehr lange.
Was mag wohl aus dem Jungen geworden sein, der als Schulkind von unserem Lehrer mit einem Stock verhauen wurde, nur deshalb, weil er ein Flüchtlingskind, „ein Pole“ war?
Ich schäme mich, wenn ich an ihn denke, und fühle einen tiefen Schmerz.
Heute treffe ich Martin beim türkischen Gemüsehändler. Wie fröhlich Martin wirkt! Er redet, lacht und stellt mir Mehmet vor, der gekonnt mit drei Granatäpfeln jongliert. Mehmet und Martin sind Nachbarn. Seit sie hin und wieder ein „Schwätzchen“ halten und Tee trinken, haben sie sich besser kennengelernt und angefreundet.
„Wie sagen die Politiker: *Gelebte Integration*“, sagt Mehmet. „Aber *Freundschaft* heißt das auf Türkisch!“
„Und auf Deutsch“, ergänzt Martin.
Auf dem Heimweg denke ich daran, wie schwer es die türkischen Menschen damals hatten, als sie als Gastarbeiter zu uns kamen. Das Fremde, selbst Knoblauchgeruch, der für uns zu der Zeit noch

nicht selbstverständlich war, ließ viele Menschen auf Abstand gehen. Diese Fremden arbeiten nur ein paar Jahre hier, so dachte man, und dann gehen sie in ihre Heimatländer zurück.
Mehmets Familie lebt bereits in der dritten Generation in Deutschland und alle haben inzwischen neben der türkischen auch die deutsche Staatsbürgerschaft.
Wenn Fremdes vertraut wird, kann angstfrei Neues entstehen, denke ich, während ich weitergehe.
Bei meinem Einkauf im Supermarkt bleibe ich vor dem Backautomaten stehen. Verschiedene Brotsorten sind im Angebot. Auf Knopfdruck fällt ein Brot in die Ablage, um dort mit einer Zange herausgezogen zu werden.
Staunend steht ein kleiner Junge neben mir und betrachtet es als Spiel. „Noch mal!“, sagt er und drückt blitzschnell auf den Knopf. Ein Brot fällt und bleibt liegen.
Zwei kleine Mädchen kommen mir in den Sinn, Schwestern, die ihre Backförmchen holen, weil Backhaustag ist. Sie bekommen etwas von dem Brotteig ab, den Großmutter am Tag vorher vorbereitet hat.
Die Mädchen haben den Prozess vom Korn zum Mehl, vom Säen und Ernten der Körner, das Mahlen zu Mehl und die Herstellung des Teigs miterlebt. Sie wissen, dass die Arbeit beschwerlich war und viel Zeit kostete.
Der Teig ruht schon einige Stunden in der Wanne und war mit dem Leinentuch abgedeckt, auf dem mit rotem Garn gestickt war: *Unser täglich Brot gib uns heute.*

Liebe Marie,
Oma schlug mit beiden Fäusten auf den Teig. Wir staunten, wie viel Kraft sie hatte.
Omas Hände konnten auch behutsam streicheln, uns halten, festhalten. Oma knetete den Teig und formte daraus drei Laibe Brot. Sie schloss kurz die Augen, sprach leise einen

Segen zu dem Kreuz, das sie auf jedes Brot zeichnete. Wir ahmten sie nach, drückten unsere Teigkugeln in die Förmchen und murmelten etwas.

Das Backhaus stand unten im Dorf, in der Nähe der Kirche. Dort warteten schon einige Nachbarinnen mit ihren Broten. Der Backofen war eingeheizt, die Glut auf den Steinen verteilt. Hitze und der Geruch von verbrannten Buchenscheiten schlug uns entgegen.

Die Glut wurde vorsichtig hinausgefegt und die Brote mit dem Backhalter hineingeschossen.

Marie, die Backzeit von ungefähr einer Stunde durftest du an der Kirchturmuhr ablesen. Ich lief immer mit, weil ich auch die Uhr lernen wollte.

Die alte Frau mit der krächzenden Stimme und einem Gesicht, das uns an die Hexe von Hänsel und Gretel erinnerte, war auch gekommen.

Wir hatten Angst vor ihr. Ich griff schnell nach deiner Hand. Mit schlechtem Gewissen guckte ich immer wieder vom Backofen zur Hexe, von der Hexe zum Backofen. Ich erschrak, als die Hexe weinte. Konnte sie Gedanken lesen? Großmutter und die anderen Frauen nahmen die Hexe in die Mitte und trösteten sie. Die alte Frau hatte die Nachricht vom Tod ihres Sohnes bekommen, der in französischer Kriegsgefangenschaft gestorben war.

Unsere kleinen Brote wurden zuerst aus dem Backofen geholt. Wir konnten es kaum erwarten, bis wir endlich das frische Brot probieren durften. Zu Hause drückte Oma den großen Brotlaib an die Brust und schnitt mit einem Küchenmesser dünne Scheiben ab.

Warmes Brot, ohne Butter, aber mit braunem Zucker, eine Köstlichkeit!

Liebe Marie, ich kann kein Stück Brot wegwerfen, sei es noch so hart!

Vor einigen Tagen fuhr ein Lastwagen mit offener Ladefläche vor mir her. Er hatte „altes“ Brot, Brötchen, Kuchenstücke zur Entsorgung geladen. Vielleicht wurde Tierfutter daraus. Müssen wirklich kurz vor Geschäftsschluss noch alle Brotsorten vorrätig sein? Für Menschen, die Hunger kennengelernt haben, eine unvorstellbare Verschwendung!
Vor Kurzem erfuhr ich, dass in unserem Backhaus wieder Brot gebacken wird.

Worte zum Schluss

Meine Hoffnungen

Heute betrachte ich lange die funkelnde Leuchtkraft der Kristalle, das Spiel der Farben. Ein überraschender Lichteinfall schenkt mir einen Wechsel der Perspektiven.
Es verändern sich fest geglaubte Ansichten, sodass neue, tröstende Bewertungen entstehen können.
Ich erinnere mich an Gespräche mit Hinrich, an seine Ermahnungen, den heutigen Tag als nächsten Schritt in den Blick zu nehmen, den Augenblick zu genießen.
Worauf hoffst du, was wünschst du dir?, fragt mein *Alter-Freund*.
Meine Hoffnung ist, dass mir das Leben noch etwas Zeit lässt, um meinen großen und kleinen Kindern zu danken, für ihre Liebe. Sie um Verzeihung zu bitten für meine Versäumnisse, meine Fehler. Aber auch, um ihnen zu sagen, wie viel ich durch sie gelernt habe und wie sehr ich sie liebe!
Ich möchte sie ermutigen, immer wieder Brücken zu bauen: zueinander, zu schwachen, zu hilflosen, zu starken Menschen, voneinander zu lernen, um in Frieden zu leben.
Unmerklich fließen Raum und Zeit. Ich werde auf meiner Reise älter, schwächer und stärker. Ich versuche mich diesem Rhythmus anzupassen, doch es gelingt oft nicht. Immer wieder muss ich mich neu orientieren, mich mit Unbekanntem vertraut machen. Heftiges Wehren und neugieriges Auseinandersetzen stehen neben dem Wunsch, die veränderten Kräfte des Alters zu akzeptieren. Manchmal kann ich erkennen, dass ruhiges Verweilen, dankbares Abwarten mein Reiseziel wertvoll erscheinen lassen.
Mein Weg führt bergauf. Er dauert an, kostet Kraft.
Erwartet mich eine friedvolle Stille?
Darauf hoffe ich.

Literatur

Meine Lieblingstexte können Sie bei Interesse
hier nachschlagen:

Hermann Hesses (1877–1962) Gedicht „Stufen“,
in: Hermann Hesse, Sämtliche Werke in 20 Bänden.
Herausgegeben von Volker Michels.
Band 10: Die Gedichte,
Suhrkamp Verlag, Frankfurt am Main 2002.

Der Text des Schweizer Dichters
Conrad Ferdinand Meyer (1825–1898)
ist eine Strophe aus seinem Gedicht „Römische Brunnen“,
in: Conrad Ferdinand Meyer, Römische Brunnen.
1. Der Römische Brunnen - aufsteigt der Strahl,
Schott Verlag, Mainz 1951.

Rainer Maria Rilke (1875–1926) schrieb
„Ich lebe mein Leben in wachsenden Ringen“
am 20.9.1899,
in: Rainer Maria Rilke, Das Stunden-Buch.
Teil 1 – Das Buch vom mönchischen Leben,
Insel Verlag, Leipzig 1936.

Mein Konfirmationsspruch,
den ich auch in Annette von Droste-Hülshoffs Zimmer in der Meersburg entdeckt habe: „Sei getreu bis in den Tod, so will ich dir die Krone des Lebens geben“ steht in der „Offenbarung des Johannes“, dem letzten Buch des Neuen Testaments.
Die Übersetzung stammt aus der revidierten Lutherbibel,
Deutsche Bibelgesellschaft, Stuttgart 2016.

Selbstbestimmt das Alter gestalten

Josef Epp
Weichen stellen
Inspirationen für eine selbstbestimmte dritte Lebenshälfte

176 Seiten, 13 x 21,5 cm
durchgehend vierfarbig
Hardcover mit Leseband
ISBN 978-3-8436-0819-0

Unsere erfreulich hohe Lebenserwartung stellt auch vor neue Herausforderungen. Mehr denn je sind wir aufgefordert, uns verantwortlich mit dem eigenen Älterwerden auseinanderzusetzen. Dadurch gewinnen wir viele Möglichkeiten, frühzeitig Weichen zu stellen und Befürchtungen zu überwinden. Dieses Buch ermutigt, wichtige Fragen des Alterns bewusst aufzugreifen und hilfreiche Schritte zu gehen. Und es will die Hoffnungsbotschaft verdeutlichen, dass der Lebensweg der Menschen auf Erfüllung ausgerichtet ist.

PATMOS